公共管理视角下金融风险防范分析

蒋雨宏 洪家敏 著

延边大学出版社

图书在版编目（CIP）数据

公共管理视角下金融风险防范分析 / 蒋雨宏，洪家敏著. -- 延吉：延边大学出版社，2022.9
　　ISBN 978-7-230-03951-2

　　Ⅰ. ①公… Ⅱ. ①蒋… ②洪… Ⅲ. ①金融风险防范—研究 Ⅳ. ①F830.2

中国版本图书馆 CIP 数据核字(2022)第 179853 号

公共管理视角下金融风险防范分析

著　　者：蒋雨宏　洪家敏	
责任编辑：延光海	
封面设计：李金艳	
出版发行：延边大学出版社	
社　　址：吉林省延吉市公园路 977 号	邮　　编：133002
网　　址：http://www.ydcbs.com	E-mail：ydcbs@ydcbs.com
电　　话：0433-2732435	传　　真：0433-2732434
印　　刷：天津市天玺印务有限公司	
开　　本：710×1000　1/16	
印　　张：12.75	
字　　数：200 千字	
版　　次：2022 年 9 月 第 1 版	
印　　次：2024 年 3 月 第 2 次印刷	
书　　号：ISBN 978-7-230-03951-2	

定价：68.00 元

前　言

20世纪70年代与80年代之交的新公共管理运动促使公共管理导论出现在世人面前。随后，全球范围内的政府改革运动再次推动了公共管理事务的大发展，公共管理事务开始受到全国政治家、政府官员、学者和公众的热烈追捧。公共管理导论的出现，打破了旧公共行政，在原来的基础上去粗取精，根据新时代的发展添加了更多适应时代发展的内容，让现代公共管理更加规范，同时发展方向更加明确、规范。

作为一种研究工具，公共管理学围绕影响全局的公共问题的解决不断拓展应用领域，提供整体解决方案，即通过政府与市场主体合作提供公共产品，以有效维护公共安全，受到各方的普遍欢迎，影响力越来越大，世界各国争相引进这个理论。

当前，运用公共管理学的原理分析金融风险防范问题变得越来越重要。作为一个新兴的分析工具，公共管理学正在加速向各种边缘领域和交叉领域渗透，为各种公共问题的解决提供了便利。这也反过来推动了公共管理学突飞猛进地发展，使其日益成为学界和社会治理界普遍关注的显学。所以，从公共管理学的角度审视金融风险防范问题变得越来越有价值。

从学科发展的角度看，公共管理学因其对涉及社会生存和发展公共问题的关注而天生就是分析金融风险形成机制及其防范措施的利器。从历史的角度看，当代金融风险问题也由历史上涉及投资者盈亏的小问题变为能够通过"蝴蝶效应"引发国家乃至全球经济危机的巨大力量，成为影响国计民生的公共安全大问题。金融风险问题已经不再是经济学金字塔尖——金融学独家关注的问题，而变为社会经济公共安全问题，成为公共管理关注的重大核心问题之一。

基于以上原因，笔者结合自己多年的工作实践与科研成果撰写了本书，全书共6章，主要内容包括：当代公共管理导论、金融风险与金融风险管理基础理论、公共管理视角下常见金融风险防范、公共管理视角下互联网金融风险防范、公共管理视角下大数据金融风险管理、公共管理视角下我国金融风险防范。本书运用公共管理理论和视角来研究金融问题，与其他同类研究成果的角度有所不同，具有鲜明的特色。

笔者在写作过程中，参考了大量相关文献，在此对相关文献的作者表示衷心的感谢！

由于笔者水平有限，加之撰写时间仓促，书中内容难免存在疏漏与不足之处，敬请广大读者批评指正，以便完善。

笔者

2022年5月

目　　录

第一章　当代公共管理导论 1

　　第一节　公共管理活动的本质 1
　　第二节　近现代公共管理的思想 2
　　第三节　公共管理中的政府职能解析 7

第二章　金融风险与金融风险管理的基础理论 20

　　第一节　金融风险的基础理论 20
　　第二节　金融风险管理的基础理论 36

第三章　公共管理视角下常见金融风险防范 62

　　第一节　利率风险防范 62
　　第二节　汇率风险防范 78
　　第三节　流动性风险防范 83

第四章　公共管理视角下互联网金融风险防范 92

　　第一节　P2P 网络借贷平台的风险防范 92
　　第二节　股权众筹的风险防范 100

第五章　公共管理视角下大数据金融风险管理 111

第一节　金融大数据的风险管理方法与应用模式 111

第二节　大数据背景下的金融监管研究 125

第六章　公共管理视角下中国金融风险防范 143

第一节　中国的金融系统 143

第二节　中国的金融系统风险防范 152

第三节　当前人民币国际化的战略环境 163

第四节　新时期人民币国际化战略前瞻 182

参考文献 195

第一章 当代公共管理导论

第一节 公共管理活动的本质

首先我们要弄明白两个问题：什么是公共管理？公共管理和公共行政有什么联系和区别？公共管理可以定义为围绕着政府的管理，运用多种手段，相互促进、相互独立、相互制约，最终实现公共利益最大化的一系列活动。公共管理与原来的公共行政既有所联系，也有所区别，其在公共行政的基础上更加深入、更加广泛地对公共资源进行整合，对公共事务进行管理。

在中国，公共事务管理是伴随着人类社会的建立而兴起的，只是从未受到过重视。随着社会的发展，到了20世纪末它才受到政府相关机构的重视，开始进入一个全新的发展模式。公共管理有狭义的公共管理和广义的公共管理之分，狭义的公共管理是指政府对社会公共事务的管理，广义的公共管理是包括政府、公共事业单位和所有非政府组织部门的公共事务管理。

公共管理的最终目的就是在制定了管理目标后通过一系列的管理方式和活动使这一目标得到实现，并且最大化地实现公共利益。在实现这一目标的过程中，政府及其他相关组织所做的一些行为都是服务活动，同时协调各种矛盾冲突，达到平衡，从而使公共管理与时俱进地发展，最终用发展的结果来衡量公共事务管理活动的成功与否。

公共管理的服务性是非常重要的。管理是围绕着组织的目标，将资源整合和优化以实现利益最大化所做的一切行为的总和。而公共管理则是以政府为主体实现包括所有公民在内的利益最大化、整合和优化社会资源、创造条件、提供服务的总和。

公共事务管理的第二大特征就是合作共治。这也是新时代公共事务管理的一大创新发展，首次将民众拉入公共事务管理中，打破了政府管理的垄断地位。这样做的原因有两个：

第一，仅仅依赖政府的管理，不能实现资源的合理利用。

第二，公共事务管理的发展，不能仅仅依靠政府的宏观调控，同样也不能仅仅依靠市场这只无形的手，需要通过三方合作——政府、社会和公民的合作来达到利益最大化。

正如安东尼·吉登斯（Anthony Giddens）所指出的："政府、国家同市场一样也是社会问题的根源……一个强大的市民社会对有效的民主政府和良性运转的市场体系都是必要的。"政府在公共事务管理中仍然具有绝对的权威，但是在管理中是不能独断专行的，需要通过合作治理，在公众的监督下，以目标为导向来制定各项公共决策，在决策执行的过程中，必须充分尊重公众的意愿。在实现公共利益最大化的基础上，需对政府的权力进行分解，使公共管理向多元互动管理的方向发展。

第二节 近现代公共管理的思想

一、马克思、恩格斯的政府管理思想

在马克思和恩格斯时代，社会最大的矛盾就是资产阶级和无产阶级的矛盾，无产阶级正在想办法通过革命的手段建立专政，来达到解放自身、解放全人类这一目标。在这样的时代背景下，马克思、恩格斯只能专注于研究无产阶级革命的问题，而没有更多的心力来关注无产阶级如何管理自己的政府，而且在那个时代政府的管理问题也没有凸显出来。出现这种情况在无产阶级"打天下"的历史时期是毫不奇怪的。但是，也不能因此就判定马克思和恩格斯没有考虑过这个问题，毕竟当时的发展还没有到这一步。

随着无产阶级革命的发展，政府问题逐渐显现出来，无产阶级开始进行专政管理，以自己为权威，权力集中在国家手里。马克思、恩格斯意识到这方面的问题开始进行了探索，这方面的探索给我们以宝贵的启示，对我们研究政府管理具有重大的指导意义。

马克思、恩格斯对无产阶级专政政权组织形式的探讨大致可以分为三个时期，即1848年革命时期、巴黎公社时期和恩格斯晚年时期。由于这三个时期各自具有的独特历史条件，无产阶级革命实践遇到的问题也不尽相同，马克思、恩格斯对实践的总结和认识也有所变化和发展，他们相应提出了议会制共和国、公社式共和国和民主共和国三种无产阶级的政权组织形式。

在1848年欧洲爆发的资产阶级民主革命中，马克思、恩格斯最先看到，德国的无产阶级虽然已经成为一支独立的政治力量，既反对封建制度，又反对资本主义制度，但由于无产阶级还没有成为革命的领导阶级，他们进行的斗争主要还是反对他们的敌人。因此，从无产阶级未来的利益出发，马克思、恩格斯主张无产阶级应该坚持民主共和制，全德国应该清除压迫和剥削，让人民能够真正站起来，敢于维护自己的合法权利。马克思、恩格斯在这里要求的"共和国"显然还不能说就是无产阶级专政的形式。但很快，随着革命的发展，1850年1月马克思在总结法国革命经验时提出了"红色共和国"的概念。随后，马克思在谈到法国"六月起义"时又使用了"社会共和国"的概念。他说："无产阶级革命胜利以后，无产阶级在共和国上开启了新的篇章，把它称为社会共和国。"这样简单明了地概括了现代革命的主要内容。毫无疑问，这里的"红色共和国""社会共和国"都是无产阶级专政的政权组织形式。马克思在1848年欧洲革命中所提出的无产阶级专政形式的思想尽管用词不同，但其思想核心是非常明确的：无产阶级政权的组织形式应该是共和国；作为当时最进步的国家形式，即资产阶级统治形式的议会制共和国，应该由无产阶级拿过来，为自己服务。

在1871年巴黎无产阶级革命实践推动下，马克思、恩格斯关于无产阶级政权组织形式的思想明显有了一次跃迁。作为历史上第一个无产阶级政权，巴黎公社采用了以"议政合一"为原则的公社组织，取代了以"三权分立"为原则的议会制政府。"议政合一"的组织形式使公社委员会既是立法机构，又负责执行一切法令和其他下属委员会的一切决议。马克思认为，公社是适应当时经济发展的，可以解放大众，使劳动人民当家作主的政治形式。毫无疑问，巴黎公社式的组织形式在当时特殊的历史条件下是完全正确的，也是十分必要的。但对于它是否必须成为一种不受条件限制的"普适"模式，马克思、恩格斯没有深入探讨，但根据唯物辩证法的精神，他们似乎也不可能会得出这种结论。恩格斯晚年，在无产阶级政权组织形式问题上的观点，充分证明了这一点。

19世纪80年代末90年代初，无产阶级革命斗争的社会条件有了很大的变化。各国社会主义政党在合法斗争中取得了较大成绩，资产阶级也转而采用和平政策、改良主义，在一定程度上完善议会民主制。恩格斯就是在这样的情况下，更加深入地研究了资本主义制度，在权衡利弊之后，研究出了未来无产阶级专政的政权组织形式。1891年他指出，只有把党和工人阶级联合起来实行民主共和国，才能成功取得民主革命的胜利，进而才有可能走无产阶级专政的道路。

马克思、恩格斯在政府管理思想上的另一贡献在于他们对中央集权提出了极有见地的看法，指出了中央集权的合理性和必要性。从历史的观点看，中央集权是欧洲中世纪封建分权体制的对立物。中央集权的出现，不自觉地充当了新的资本主义生产方式发展的推动者，因而具有重大意义。不仅如此，马克思、恩格斯还提出一个观点，"国家的本质就是集权的，也是一个国家存在的生命基础。不管是专制君主制还是共和制，只要是国家必然是集权的，美国如此，俄国也是如此，每个公民享有的权利和义务也是建立在国家集权的基础上的"。因此，我们可以看到，马克思、恩格斯是主张实行中央集权制的。马克思和恩格斯在1848年革命中，提出要学习法国中央集权体制，他们认为"在德国实行最严格的中央集权制是真正革命党的任务"。但是，马克思、恩格斯并不完全认同中央集权制度，他们给出了中肯的观点，在实施中央集权的过程中，也应该注意以下几个方面的问题：

（1）所有的事情都要考虑度的问题，中央集权制度也不例外，不能盲目地认为集权是把一切权力都牢牢掌握在中央手里。中央集权是运用在一切有普遍意义的事情上的，而不是针对个体的特殊事件在内的管理，如颁布法律、任命官吏、统率管理机关等共性的事情。

（2）中央集权应该和司法权相互独立。正所谓司法权不应同中央发生关系，而应当属于人民，属于陪审法庭。任何一种权利都没有绝对的好与坏，如果集权与司法权混合在一起，则必然导致难以解决的混乱，从而影响社会的发展。

（3）中央集权制度要平衡好中央和地方的关系，不能实行寡头统治牺牲掉地方的利益，同时也可以实行中央和地方结合治理的措施。独断专行的中央集权相当于在制造不公，而狭隘的地方利己主义也不是真正的地方自治，真正的地方自治是抛开狭隘的利己主义辅助中央集权，使中央集权和地方自治协调发展、相辅相成。

（4）马克思指出，坚持走中央集权制度是走现代社会的中央集权制而不是封建官僚制度基础上的中央集权制度。中央集权制度的发展经历了官僚政治这一过程，曾经官僚政治也在社会进程的发展中有一定的影响，但是随着社会的发展，必须抛弃官僚政治，建立现代社会所需要的中央集权制度。

（5）还必须明确一点，中央集权制度不是君主专制。现代中央集权制度是与民主共和政体的结合。

马克思、恩格斯关于政府管理的思想论述虽然不多，但却十分精辟，具有十分重要的指导意义。我们应该加强这方面的研究，推动政府管理理论和实践的发展。同时我们也应该看到，由于受到时代的限制，马克思、恩格斯的探讨也只能是原则性的。时代把发展无产阶级政府管理思想的任务，交给了第一个社会主义国家的缔造者——列宁。

二、列宁的政府管理理论

十月革命在俄国胜利的意义是巨大的，它最终使社会主义从一种思想和一种运动转变为一种制度实践、一种国家形态。苏维埃国家诞生后，战胜了国内外反对派的破坏、颠覆和干涉，进行了极为艰巨的经济文化改造和建设。苏维埃国家所显示的生命力，所取得的成就为政府管理工作写下了新的篇章，从而大大丰富和发展了马克思主义政府管理思想。列宁在领导苏维埃国家政府管理的实践中所作的大量理论阐述，集中体现了这种丰富和发展。他所提出的党领导政府管理的原则、高效精简的原则以及民主和公开化的原则，在马克思主义政府管理思想史上具有极为重要的地位，是社会主义国家政府管理实践和理论的指南，意义重大。列宁政府管理思想中核心的一条是，坚持党对政府管理工作的领导。列宁认为，只有坚持了党的领导才能保证国家行政机关遵从人民意志，沿着正确路线实行管理。在列宁看来，党应该通过制定纲领，决定大政方针，并通过严谨的体系来进行干部的任用和管理，建立思想宣传团队来落实党的工作，使党的思想和国家的政策法规得以实施。

要特别强调的是，列宁提倡的党对政府的管理方式，是一种党政分开原则的领导。由于在历史发展阶段中党在俄国经济社会和特殊革命时期过于专权，管理过多，所以列宁汲取经验，提出了党政分开的管理方式，再次明确了党和国家的区别：国家能够强制管理，而党是有阶级性质的，不能够强制管理。如果把党和国家混为一谈，就会把党变成专权机构，容易偏移工作重心，导致走向不好的结果。为了避免这种结果的发生，必须党政分开，党以自己的主要职责为中心，集中力量做好对国家的总的领导，同时放权，让苏维埃政府实行自己的管理。这种做法充分说明了列宁在坚持党对政府工作的管理是辩证的、对立又统一的。

第三节　公共管理中的政府职能解析

一、政府职能的特点

一是受法律约束。一切按照法律的规定来制定政府的管理目标和行为方式，该做什么、不该做什么都必须在相关法律的范畴内进行，坚决杜绝忽视法律以政府的自我意志为中心的一切行为。

二是有度。在遵守法律法规的情况下政府的管理必须有度，不能自持自己是权力中心就无所顾忌，这也给政府管理设定了一些约束条件，即遵守市场运行规律和民主政治的要求。

三是权威性。政府在公共事务管理中，既要依法行使自己的权力，也要避免过多干预；既要发挥政府的核心作用，也要尊重民众的意愿，让民众可以信赖政府，形成自上而下一条心的局面。这样政府既可以行使自己的管理职能又能够拥有民心，真正做到有权威，而不是强硬手段下强权的权威。

四是政府管理上法律和权力的齐头并进。政府在进行公共事务管理的过程中既要遵守法律法规，让法律辅助和促进政府管理，也必须保持自己的权威性，做到法律和权力相辅相成，从而达到政府的有效管理。

五是服务意识。政府在处理公共事务中不再一味强调自己的权威和垄断统治，而是围绕自己是权力中心这一主导思想重视民众的立场和利益，切实做到服务至上，明确政府要做的是宏观调控而不是独裁。

六是政府管理活动及时对外披露。民主政府的主要内涵就是要求政府在处理公共事务的过程中本着对民众负责的态度，做到职能公开、政务公开。这是对民众负责，拉近政府和民众关系的有效措施。

七是担当精神。政府的权力不是万能的，政府的职责和职能也不是无限的，政府在公共事务管理中要明确自己的责任，承担起自己应该承担的责任，这也明确了政府的有限性和责任性特点。

八是变化性。时代在变化，经济发展在变化，政府的职能也要随着这种变化而变化。

二、政府的基本职能与具体职能

依据政府职能分类的标准，我们就可以对现实的政府职能进行逐层划分。按照学术界通行的方法，政府职能可以划分为基本职能和具体职能，划分政府的基本职能主要是根据政府的基本属性；而划分政府的具体职能则主要是依据政府与市场各自的特性及其相互关系，即以市场经济为前提。

（一）政府的基本职能

政府的基本职能是政府职能的基础职能。其中，政治统治和社会管理这两个基本职能是全球范围内所有国家政府所共有的职能，从古到今，毫无例外。因为两大基本职能是互相依存的，难以截然分开。离开社会管理的政治统治和离开政治统治的社会管理事实上是不存在的。在恩格斯《反杜林论》中也可以看到相似观点，表达的就是政治统治是以社会管理基本职能为基础的，并且在执行后才能够持续发展。

政府的政治统治和社会管理职能是有很大区别的，政治统治职能是自有国家以来就有的，是最根本的职能；而社会管理职能则是社会发展到一定阶段才出现的，是政治统治制度在发展中的延伸和完善。实施政治统治是国家强制力的显现，是除政府之外任何社会组织所无力承载的职能，因而是政府作为统治机器的合法性所在。当社会发展到一定阶段，社会公共事务越来越多，社会管理职能就会升级为主要的政府管理职能，这也是整个社会民主化的要求。社会管理职能很好地弥补了公共政治在社会发展中的问题，同时整个政府的公共管理趋势也向社会管理发展，这也导致了政府职能的变化，政治统治开始居于第二位，社会管理职能升级为主要职能，政府的管理方向也会发生特别大的变化，政府将经历统治型—管理型—服务型的变化。

（二）政府的具体职能

如果说政府的基本职能是大树的树干，那么政府的具体职能就是这个树干上的小树枝。这种分化也不是随意的，而是有规律可循的，根本点就在于市场经济和政府的相互作用。

在市场经济的运行中，政府是以市场这只无形的手为基础来发挥其调节者和补充者的功能的。政府的具体职能正是在它与市场的这种特殊而微妙的关系中生成、确立并发展的。对政府具体职能的划分，可以说就是对政治统治和社会管理职能的细分。政府的政治统治职能和社会管理职能都可以划分为四个小职能，政府的政治统治职能可以分为国防和外交职能、专政和治安职能、政策制定和执行职能、政务管理职能，社会管理职能可以分为宏观调控职能、经济管理职能、文化管理职能、公共事务管理和服务职能。

1. 政府统治职能

第一，国防与外交职能。作为民族国家的代表，政府的首要职能是维护国家安全、领土完整和主权独立，使民族的尊严、国家的利益和国民的权利不受任何外部势力的侵犯；在此基础上按照独立自主、平等互利、和平共处的原则参与国际事务和国际竞争，以求国家发展和人民幸福。任何国家任何形式的政府，一旦不能有效行使其正当权力，不能保障国民的基本人权，而使民族的目标受到破坏、人民承受屈辱，人民就有权改变和废除它，以建立新的政府。因此，政府通过行使其国防与外交职能，来有效地维护和保障民族的尊严、国家的安全与利益、国民的权利与安宁，就是天经地义的事。国防与外交职能是一国政府代表民族国家行使的对外职能，因此它是民族国家的中央政府所特有的政治职能。

第二，专政与治安职能。在阶级社会中，政府对内是统治阶级的代表，同时又是全民利益的维护者。为了维护统治阶级的利益，政府在政治统治中必须实行阶级专政；为了维护全民的利益，政府必须公正执法，保障公共安全和社会稳定。因此，政府必须行使专政与治安职能，即必须用专政的手段镇压敌对阶级的反抗与破坏；用法制、法治以及教育等手段综合治理社会治安，打击各种违法犯罪行为，以保障公共安全、社会稳定和人民安宁。专政与治安职能是一国政府对内行使政治统治职能的主要内容，是一种自上而下的政治职能，也是中央和地方政府行使的基本职能。

第三，政策制定和执行职能。政府的政治统治是其根本职能，使这一职能得到充分发挥的就是政策的制定和执行。政府通过制定政策来实现自己的权威统治，同时这种权威也是建立在民众的意愿之上的。

政策制定是政府政治职能的基础，制定了一系列政策之后只有真正实施下来才是政府真正权威的体现，不然就只是口头效应。政府的政策执行职能很好地补充了这一点，执行的过程也是政府权威性的具体体现，是把政府和民众能够结合起来的过程，这个过程也能够充分体现政府的公共事务管理能力和政府的素养。

第四，政务管理职能。政务管理有狭义和广义之分：狭义的政务管理就是政治事务，主要是内政事务的管理；广义的政务管理，则是在狭义的基础上包含国防和外交在内的管理。笔者主要讨论的是狭义的政务管理，内政事务的管理指的是政治、司法、民族、宗教以及中央和地方关系的管理。

政务管理遵循"以人为本"的思想，重视管理者和被管理者的地位，强调尊重人性，从人性出发，同时注重用人。管理者的管理至关重要，这也是政府管理的核心。

2.社会管理职能

第一，宏观调控职能。所谓宏观调控，主要是指政府对经济运行和各种经济关系的调控。政府的宏观调控和市场经济运行规律是分不开的，不能够独立于市场经济之外，这也就使得政府的宏观调控具有了经济的特点，是一切围绕政治目标和政治价值实现的经济活动。所以，政府的宏观调控职能也可以叫作政治经济学或政府经济学。政府机构中的综合经济管理部门，都可看作广义的宏观调控部门。政府综合经济管理部门的不断增设标志着政府宏观调控职能的日益强化。尽管各国政府对宏观调控部门的设置千差万别，但政府宏观调控的职能基本都集中体现在以下几个方面：对市场的调控，对企业的调控，对劳资关系的调控，对职业安全和劳工保健的调控，对环境保护和可持续发展的调控，对经济结构和产业结构的调控等。

第二，经济管理职能。政府在执行这一职能时采用两只手同时管理，即强制性管理和服务性管理。强制性管理体现在经济管理过程中的监督检查和行政处罚，严厉打击市场的不公平竞争行为，维持市场的公平和正常运行，这只手是强硬的、强制的、不可违抗的；服务性管理则是在经济管理中通过柔和的方式，对整个经济市场进行调节，致力于创造一个良好的市场环境。

在市场经济的运行下，政府的经济管理不再是原来单一的行政管理，而是融合了经济行政法律的多手段管理。

第三，文化管理职能。文化的范围很广泛，从概念上来看就是一个很抽象、很空泛的东西，想要在市场经济中得以生存和发展本身就很难，这就要求政府在发挥文化管理职能时采用非市场化的手段，多花精力和心思。

文化管理职能本身就是一项抽象的、复杂的管理，形象地说是对社会资源的管理，这里以公共信息资源管理来说，主要是通过立法、强有力的组织领导和先进的技术处理来实现的。文化分为文化事业和文化产业。政府的文化管理职能是办好文化事业，即提供一种扶持性和保护性的服务。

第四，公共事务管理与服务职能。首先要搞明白两个概念，即公共事务管理职能的概念和公共服务管理的概念。公共事务管理是指包含政治、经济、文化在内的一切公共事务管理的职能，公共服务职能是指在处理公共事务中一些服务性的职能。公共服务型政府的建立，既需要公共事务管理也需要公共服务管理，两者相互渗透、缺一不可，从管理就是服务这一理念来说，公共事务管理和公共服务管理是政府管理职能的两种不同的表达方式，本质上是一种管理职能。

三、中国政府职能体系分析

作为从计划经济体制脱胎而出的社会主义市场经济国家，中国具有自己的特殊国情和独特的发展道路，中国政府的职能体系具有与西方发达市场经济国家政府完全不同的特点。分析中国政府的现实职能体系和未来走向，对正确认识和评价中国政府治理和政府过程，进一步转变政府职能，具有重要意义。

（一）中国政府职能框架

中国是一个大国，政府职能涉及范围比较大，要想系统性地进行描述是一件十分繁难的工作，但这种描述又是非常必要的。因此，这里只作框架式的简要描述，目的在于说明政府角色定位和政府职能界定与转变的内在逻辑的一致性。根据我们对当代中国政府角色定位的分析，按照"服务型的有限责任政府"的模式预期，以及中国政府对职能转变的新认识，我们认为，当代中国政府的职能框架可用"一、二、三、四、五"来概括。

一是指一项基本职责——提供广义的公共产品。公共产品的概念是由美国著名经济学家保罗·萨缪尔森（Paul A. Samuelson）提出来的。在实际运用中，公共产品可以分为狭义的公共产品和广义的公共产品。狭义的公共产品是指看得到的有形的政府可以采购到的公共物品；广义的公共产品是指一切与公共性有关的产品和服务，既包含狭义的公共产品，也包含无形的精神产品，既包括具有公共性的产品，也包括具有公共性的服务。譬如灯塔、法律、政策、国防和环境保护等，都是典型的公共产品。政府作为最大的社会公共组织，如果用一句话来概括其最基本的职责，那就是负责广义的公共产品的供给。市场经济的合理性，就在于它是一种由政府负责公共产品供给，而由市场负责私人产品供给的互补型经济体制。

二是指两项市场监管职能——执法监督、维护秩序。公正执法和依法监督是规范市场行为、维护市场秩序的前提，有法必依、执法必严、违法必究是公正地实施市场执法监督的基本理念；规范市场行为、维护市场秩序则是市场监管的目的所在。市场执法监督的内容包括税收监督、价格监督、质量监督、卫生检疫、资格准入以及标准化监督等方面；规范和维护市场秩序包括反对不正当竞争、防止和限制自然垄断、打击制假售假行为和防止假冒伪劣产品进入市场、维护经营者和消费者的权益等。

三是指经济调节的三个职能——收入再分配职能、资源再配置职能和稳定宏观经济的职能。这是包括萨缪尔森、约瑟夫·斯蒂格利茨（Joseph Eugene Stiglitz）等在内的西方主流经济学家对政府主要经济职能的较为一致的看法，它同样适合中国政府。因为这三项经济职能所对应的经济范畴正是我国社会主义市场经济建立和发展过程中面临的主要社会经济问题，政府把对经济的调控重心集中于这三个方面，符合我国社会主义市场经济发展的实际。

我国宏观调控应继续在坚持长期规划与财政、货币政策的阶段性运用相结合，扩大投资需求与推动消费需求相结合，扩大内需与增加出口相结合，扩展经济总量与加快结构调整相结合的基础上，促进经济发展方式的转变和经济效益的提高。

居民的收入分配问题固然属于微观经济范畴，而政府的收入再分配职能则具有宏观意义。从市场解决效率问题、政府解决公平问题的公平效率观出发，政府的收入再分配职能具有决定性的作用，也可以说是政府建立责任政府的根基。

资源再配置职能也是具有宏观意义的微观经济调节职能。一般说来，资源配置可区分为初始配置和再配置两个层次。资源的初始配置是在价格机制的作用下由市场自然完成的；资源的再配置主要是依靠具有超市场能力的政府组织的强制力量去完成的。

四是社会管理的四种职能，即法治建设职能、公共基础设施建设职能、社会弱势群体保护职能和环境保护职能。

法治建设是政府建立法治的基础，以法为本，让公共政策和公共制度有法可依，这一点是任何社会组织都不可比拟的，立法机关和授权政府组织除外。

公共基础设施建设职能是政府建立服务型政府的基础。日常我们所接触到的公共基础设施建设有道路交通、水利枢纽、排污防洪、垃圾处理、公园与城市美化等。

保护社会弱势群体和对贫困者提供帮助，是人民政府的神圣职责，特别是在社会转型期，保护弱势者和贫困者的基本权利，改进公共政策，在社会保障制度等工作上提供多层次、多维度的管理，可以促进社会政治稳定和社会和谐发展。

环境保护职能里面的环境保护包含了自然生态环境保护和社会生态环境保护两个方面。自然生态环境保护是在公共事务管理中遵循自然生态环境的发展规律，合理利用自然环境；保护并改善社会生态环境，协调各种社会资源的配置，是建设社会主义和谐社会对我国政府提出的治理要求。

五是五项公共服务职能为政府建立服务型政府提供了各种必需的信息和服务，包括经济的、政治的、法律的以及社会公益事业和社会危急管理等。服务型政府的公共服务职能当然远不止五项。但是，就处于转型期的中国社会来说，政府首先需要认真履行好上述五项公共服务职能，因为它是建设社会主义法治国家，发展社会主义市场经济，建设社会主义现代化国家，构建社会主义和谐社会，落实以人为本的科学发展观的本质要求。

（二）中国政府的特殊职能和过渡职能

在中国经济社会全面转型时期，中国政府不但要行使一般市场经济国家政府的基本职能，而且要行使中国特殊国情条件下政府必须具有的特殊职能，还要行使经济转轨、社会转型时期政府需要承担的过渡性职能。建立具有中国特色的适应社会主义市场经济要求的政府管理体制，其要点、难点、根本点和着力点都在于如何准确界定和有效行使中国政府的特殊职能与过渡职能。

什么是特殊职能？特殊职能就是中国政府具有的而其他国家所不具有的职能。这些职能是由中国的特殊国情决定的，是需要中国政府长期行使并花大气力排除各种阻力和非议才能有效行使的重要职能。中国政府的特殊职能有以下几个：

一是中国大陆和港澳台实行"一国两制"管理，从而实现祖国统一的职能。这是解决因别国侵略和内战造成的领土被分割的历史遗留问题而须政府行使的重要职能。

二是社会主义民主政治建设职能。这是在坚持中国共产党的领导和中国特色社会主义道路的前提下，中国政府的一项持久性的政治职能。民主和法治建设在社会发展和政府管理中起着非常重要的作用，两者相辅相成，这也就对我国政府提出了要求，政府管理需要多花心思倡导民主和法治，建立完善的制度，同时对实施过程进行管控。

三是社会主义精神文明建设职能。社会主义精神文明是中国特色社会主义的重要特征。着力抓好以遵守规则、修养道德、提高素质为基点，以确立民主与法治观念、弘扬民族文化和传统美德、振奋民族精神为重点的精神文明建设，是中国各级政府的一项重要职能和长期而艰巨的任务。

四是消除两极分化、缩小地区差异的职能。这与国有经济调整及国企改革是一个问题的两个方面。对国有经济进行布局和结构的战略性调整,是深化国企改革的重要前提,而国企改革则是对国有经济调整的具体落实。

从政府职能转变的总体要求来看,目前我国政府承担的上述过渡性职能,虽然有其历史的必然性和现实的合理性,但随着社会主义市场经济的发展和社会的不断进步,这些职能的行使应当逐步弱化,直至完全转移和让渡。

四、新时代公共管理政府职能的定位——服务型政府

建设服务型政府,强化社会管理和公共服务职能,是中共十六届六中全会从构建社会主义和谐社会的战略高度出发,向政府改革发出的强大动员令。建设服务型政府有许多问题需要重新思考,有许多矛盾需要统筹处理,其中最需要解决的是服务理念问题和体制机制问题。

(一)强化服务型政府理念

必须明确,建设服务型政府是新世纪、新阶段民众对政府的新诉求。随着社会经济的发展,中国的发展趋势也发生了改变,社会往前迈了一步,人的需求随着社会的发展也相应地有了更多的变化,这也就导致公共事务管理进入了一个新阶段。政府提供有效公共服务正是新阶段解决社会矛盾的内在要求。

首先,强化服务型政府理念,把握服务型政府的特征。一要懂得服务型政府是以公民为中心的政府,即人民是权力的所有者,政府作为代理人是为人民服务的,是人民意志的执行者。建设服务型政府,就要在观念上变"官本位"为"民本位"。二要明确的一点是服务型政府是为全体公民服务的政府,公共服务就是要一视同仁地为所有纳税人提供服务。三要明确政府在公共管理中是

有法可依、有责可究、高效管理的，即政府提供公共服务是宪法规定的一项义务，是依法服务，公共服务并不能由政府包揽，但必须由政府承担道义上的责任，政府的公共服务要追求效率和质量，让民众满意。

其次，强化服务型政府理念，要反思政府的行为方式：一是要革新政府的服务方式和工作作风，提供快捷、便民式服务；二是要转移政府职能重心，变以往的经济建设型政府为公共服务型政府；三是要重新定位政府属性，依法行政。

再次，强化服务型政府理念，必须摒弃管制型、家长式的父母官情结，牢固树立公仆意识。居高临下的父母官情结只能导致管制型政府、家长式作风和施舍型服务，是一种应当摒弃的陋习。只有确立公仆意识才可能使政府认同"管家"角色，视服务为天职，不敢有任何马虎和怠慢，从而成功建立服务型政府。

（二）建立公共服务体制

政府公共服务和社会公共需求的不匹配，使公共服务体制的建立成为十分迫切的现实任务。公共服务体制是指在坚持政府的执政能力和核心地位的前提下，通过公共产品的建设和服务来实现全民共享的目标。在建立公共服务体制时不要盲目地模仿西方国家的模式，而要根据中国独特的国情和发展现状，建立合适的服务体制，这一体制是在政府的引导下，通过公共服务体制建设来实现社会资源的合理利用和民主协调发展，维护广大人民的利益尤其是弱势群体的利益的，最终要实现的是全民共享。

要建立起公共服务体制首先需要提供基本而有保障的公共产品。根据我国的发展国情，建立公共服务体制需要解决民生问题、就业问题、医疗问题和教育问题。如通过公共财政保障实现城乡义务教育的全部免费，将所有的社会成员纳入社会保障体系，切实解决好生产、医疗、食品卫生等公共安全方面的问题。

建立社会主义公共服务体制应该着重建立农村的公共服务体制，农村的经济、教育、医疗等建设在全国的公共服务领域还比较落后，国家要重视农村建设，加大资金投入。

经济基础决定上层建筑，要建立公共服务体制必须先完善公共财政体制。完善公共财政体制的关键在于转移支付制度的完善，达到政府的财权和职责匹配、预算和公共服务支出匹配这一个目标。政府的公共服务包括经济性公共服务和社会性公共服务，经济性公共服务是经济活动的服务，社会性公共服务是除掉经济以外的教育、文化、科技、卫生、医疗、环保等服务。政府针对经济发展的投资已经有很多了，要建立公共财政体制，就必须调整服务重心，由经济性公共服务向社会性公共服务转型；同时严格控制支出，真正建立起公共服务型财政。

（三）完善公共服务提供机制

强化我国政府的公共服务职能，必须按照创建服务型政府的要求，建立与社会主义市场经济发展相适应的、可实践的公共服务机制。

第一，建立以公众为核心的服务提供机制。为此，一是服务理念要有所转变，一方面，服务者要了解服务对象的需求；另一方面，服务要以社会和民众为核心，而不再以政府和相关管理机构为核心。二是要使所有公共服务项目都在公众参与决策并进行监督评价的基础上实施。通过对公众意见和社会评价的及时回应来调整服务项目，改进服务方式，提高服务质量，从而增强公共服务的针对性和提高服务对象的满意度。

第二，营造政府与市场和社会互动的协作提供机制。为此，一要强化政府的责任意识，完善政府服务的责任机制；二要制定科学的公共服务绩效评估标准，完善多主体参与的公共服务评估机制；三要逐步扩大引入竞争性服务的领域，使公共服务在实现目标责任化的同时，不断提高公共服务的市场化和社会化程度。

第三，建立中央和地方、地方各级之间利益协调的公共机制。政府的公共服务职能与公共管理职能一样,要提高服务的效率、效能和效果,必须分工明确、目标明确、责任明确,防止出现因分工不明、职责交叉而导致的服务重叠和服务缺位两种现象,即对于一些容易显示政绩的服务项目大家争相提供,而对那些不易显示政绩的服务项目则无人提供的现象。有些需要齐抓共管的公共服务项目,如教育和基础研究、防治疫情等,则必须完善协作机制,使各级政府和政府各部门各负其责,协作提供。

第四,建立健全公开透明的政务制度。只要是跟民众利益挂钩的政府活动和公共服务都必须公开、透明,让民众能够了解到政府的政务管理过程,尤其是需要民众出钱的服务项目,必须公开向群众说明收费依据和使用途径及其监控措施,从而防止因"暗箱操作"而引致的服务不公、服务错位以及损害公众利益的行为发生。

在历史上,政府曾充当过"政治人""守夜人""道德人""经济人""中心人"和"社会人"等不同角色。当代中国政府应当按照改革者、执法者、协调者三位一体的思路进行自我角色定位。在社会转型期,政府要通过强化服务职能进行角色重塑,实现政府转型。在政府职能转变的攻坚阶段,需要特别强调政府管理创新和政府能力提升。为此要注重建立和谐的公共管理体制,构建合作型政府治理模式,提升政府的统筹能力、法治能力和服务能力。建设公共服务型政府,最需要解决的问题是要强化服务型政府理念,建立覆盖城乡、惠及全体民众的公共服务体制,完善以公众为导向的互动、协作、透明的公共服务提供机制。

第二章　金融风险与金融风险管理的基础理论

第一节　金融风险的基础理论

在当今的牙买加国际金融系统下，金融经营活动不仅受制于本国国内环境，还通过外汇传导机制间接受到来自国际金融市场的压力，跨境资金流动越来越成为重大威胁。所以，在经营过程中，金融主体面对的风险是多种多样的。金融系统是现代国民经济系统的核心，研究金融风险防范具有举足轻重的意义。

金融风险受外部因素和内部因素的共同影响，导致金融经营活动结果产生不确定性。金融风险防范的主体不仅包括个人，还包括金融市场中的组织、政府，是多层次防范主体。本书研究的主体是承担金融公共安全的主体，主要是指政府。

有关风险的学说纷繁复杂，但本质上分为主观学说和客观学说两派，并且都是沿着从理论到应用的路径进行演化的。主观学说认为，不确定性是主观的、个人心理上的一种观念，是个人对客观事物的主观估计，无法用客观尺度衡量。这种不确定性是全方位的，包括发生与否、发生时间、发生状况以及发生结果等方面的不确定性。客观学说以风险客观存在为前提，以风险事故观察为基础，用统计学和其他数学方法进行量化处理，建立数学模型，来实现对风险的客观度量。可以说，前者代表了风险研究的初级和低级阶段，后者代表了风险研究的高级阶段，也是达到实际应用的阶段，但主要应用于保险领域。

一、金融风险的分类和内涵

虽然风险的分类方法有很多，但根据风险产生的原因进行分类才是最根本的。风险是人类从事各种活动的结果，而活动是自然、社会、各种组织和控制活动进程的人等因素共同作用的结果，其中的任何因素都能导致风险的发生。根据这个标准，风险分为以下两类：实质风险和人的风险。前者包括自然风险和社会风险，后者可分为心理风险和道德风险两种类型。实质风险是由客观的自然因素和社会因素引发的风险，如暴雨引发的山区泥石流、国家政治动乱引发的国际投资损失等。心理风险是由心理原因引起行为上的疏忽和过失，从而引发的风险，如酒后驾驶引起的交通事故。道德风险是人们的故意行为或者不作为引发的风险，如故意放火引起的火灾等。

从系统论角度看，金融风险是由各种小风险组成的，分为宏观金融风险或系统性风险和微观金融风险两类。前者一般是由后者累积而成的。根据由小到大的顺序，金融主体包括自然人、金融机构和政府。

微观金融风险是微观主体（个人和金融机构）在从事与金融相关的活动时所承担的风险，如因利率变化产生的利率风险，因汇率变化产生的汇率风险，因交易对象失信产生的信用风险，因资金不足造成的流动性风险，等等。微观金融风险是传统金融学研究的主题。对于金融机构来讲，微观金融风险属于个体风险，由其内控部门来测评和管理，与政府的财政责任无直接的关联性，其防范和化解也主要由市场主体来完成。由可能性转化为现实性后，微观金融风险将导致个人或金融机构的财产损失，如资产缩水、投资损失、收益减少、严重亏损等，甚至会导致相关主体破产。微观金融风险研究主要是为金融机构等微观主体决策服务的。

金融风险就是风险概念在金融领域的具体应用，是在金融活动过程中产生的风险，本质上只是风险的一种，是人类金融活动结果对人类经济预期的偏离性，是各种层次金融系统要素运行结果对各层次金融活动主体经济预期的偏离，是金融运动中以经济损失为主体的经济风险。文献资料显示，有关金融风险的定义有50多种。虽然说法各异，但都不同程度地涉及发生的"不确定性"和损失的"不确定性"，涉及的主体有自然人和法人。而且，这些定义都是继承了金融学的学术传统，沿着从微观到宏观的逻辑思路，以人类经济活动的得失为标准对活动结果和经济损失的易变性进行的理论总结。

二、金融风险的特征

从现实主义视角看，风险与人类谋求生存和发展的所有活动都有关，是人类活动产生的结果与人类期望结果之间偏离的可能性，涉及人类的利益。如同其他任何现象一样，风险不是无中生有的，而是由一定动力推动的结果。

第一，风险是在内外因素作用下导致的活动结果对人类所期望的结果偏离的可能大小，即风险是活动结果对人类预期结果的偏差。人类活动是风险存在的第一个前提，没有蕴含于人类活动中的价值诉求，也就没有风险。但是，活动本身是一个复杂的系统，其运行方向受到来自内部和外部多种因素的影响，而这些影响因素又随着活动的展开而处在不断变化之中，不仅存在出现的先后次序的变化，而且存在对活动作用力大小的变化。因此，活动一旦被发动起来，人们就很难控制其发展方向，也就产生了向背离人类利益方向发展的可能。所以，从认知的角度看，风险是人类主观认识和客观存在之间的差异，是阻碍事物向人类期望的方向发展的客观存在，总是表现为一定程度的不确定性。

第二，风险是可测的。人类活动本身承载着人的利益诉求，活动的成败自然会引发人的利益得失，风险随着运动赖以存在的内外条件的变化也就必然表现为利益得失的不确定性。所以，风险的本质是偏离人类行动目标的可能性，其存在受制于影响人类行动的内在因素和外在因素，是其内外因素的函数。人类活动的客观性必然带来与此活动相关联的人类利益得失的客观性，也就必然带来风险的可测性。风险发生的可能性一般可用数理统计的概率进行测算，在0至1之间。概率越接近于1，风险发生的可能性就越大；越接近于0，则风险发生的可能性就越小。风险的预期大小就是风险发生的概率与损失的乘积。所以，控制风险的钥匙就在这个函数的自变量，即影响活动发展方向的因素里面。要控制风险，就要控制引发风险的因素。

三、金融风险的类型

（一）市场风险

市场风险指由于金融市场变量的变化或波动而引起的资产组合未来收益的不确定性。根据金融市场变量的不同，市场风险主要分为证券价格风险、利率风险、外汇风险以及商品价格风险。

市场风险是所有风险中相对可以把握的风险，可以量化。目前计算市场风险的方法主要是在险价值（Value at Risk, VaR），它是在正常的市场条件和给定的置信水平上，在给定的持有期间内，某一投资组合预期可能发生的最大损失；或者说，在正常的市场条件和给定的持有期间内，该投资组合发生VaR值损失的概率仅为给定的概率水平（即置信水平）。

（二）信用风险

信用风险是由于借款人或交易对手不能或不愿履行合约而给另一方带来损失的可能性，以及由于借款人的信用评级变动和履约能力变化导致其债务市场价值的变动而引发损失的可能性。

信用风险是排在市场风险之后被理解得最透彻的金融风险。尽管风险指标的应用，如标准差、VaR可以马上用于市场风险，但是其他类型的风险需要做额外的工作，才能更好地用于计算损益分布的风险指标。

衡量信用风险的关键目标是要看到可预见的由违约造成的损失。从广义上来说，投资组合中的可预见的损失由三方面因素组成，违约概率、违约时头寸或敞口的预期价值、回收率。

（三）操作风险

操作风险是指因金融机构的交易系统不完善、管理失误、控制缺失、诈骗或其他一些人为错误而导致的潜在损失。

巴塞尔委员会的风险管理组织通过定量效果研究将操作风险损失分为七类：内部欺诈；外部欺诈；雇佣合同以及工作状况带来的风险事件；客户、产品以及商业行为产生的风险事件；有形资产的损失；经营中断和系统出错；执行、交割以及交易过程管理的风险事件。

（四）流动性风险

流动性风险指的是资产或负债在不受损失的前提下变现的不确定性。

从国际清算银行关于流动性风险的报告和相关专家对过去几年金融动荡期间的银行流动性管理的分析中可以看到，流动性风险的建模和管理现在已经成为风险管理界的前沿和当务之急。

很少有实证研究聚焦于流动性风险的一般性量化问题，一家大型研究机构关注清算风险指的是机构在需要清算一些资产时无法实现全部价值的风险。

（五）系统性金融风险

系统性金融风险是相对于微观金融风险或局部性金融风险而言的，是使金融系统陷入危机的风险。

系统性金融风险的防范主体是公共管理机构——国家政府，或者说系统性金融风险的主体是整个社会公众。系统性金融风险表现为整个金融体系稳定性的紊乱，如银行危机、货币危机、债务危机、资产价格泡沫化等国民经济整体性经济状态。系统性金融风险是公共风险，需要政府来承担相应的责任，即作为最后贷款人承担相应风险。对政府、公众而言，金融危机直接来自系统性金融风险，防范和化解系统性金融风险，就是为了避免金融危机的爆发。研究系统性金融风险主要是为政府决策服务的。

微观金融风险和系统性金融风险并不是各自孤立的，而是紧密相连的，通过一定的渠道由微观风险向系统性金融风险转化。微观金融主体所面临的金融风险构成金融市场的基本风险，也是系统性金融风险的基本组成单位。这些基本风险单位相互作用、相互影响，一旦失控就会通过一定途径向系统性金融风险转化。

微观金融风险向系统性金融风险转化有以下两个渠道：

第一，微观金融风险引发的"多米诺骨牌效应"。单个金融机构，特别是单个规模相当大的金融机构的破产，由于各微观金融主体之间资产的连带性，使关联金融主体陷入破产的可能性急剧增加。这种局面就会引发社会预期改变，进而引发连锁反应，产生存款挤兑风潮、资产价格急剧波动、外资大规模流出、货币大幅贬值等连带效应。单个金融机构的微观金融风险迅速波及关联金融机构，最终酿成系统性金融风险。这种由微观金融风险向系统性金融风险的转化是从金融市场的一个点开始的，我们不妨称之为点式传导方式。由于单个金融机构破产引发许多利益相关者的破产，"多米诺骨牌效应"明显，并且单凭一个金融主体根本无法摆脱风险困境，如果放任不管，微观金融主体的破产就会酿成巨大的公共风险。因此，政府除了出面救援别无选择。

第二，由多个微观金融主体的风险集中爆发引发系统性金融风险。如果金融风险均匀分布在大多数金融微观主体中，即多数主要微观金融主体感染了大致相同的金融风险,同时面临金融危机,那么这种金融风险在局部积累到一定程度,当超过这些金融主体的承受能力时,就会在一定时间内集中爆发,从而引发系统性风险,危害整个社会。这种由线到面的金融风险转化方式依靠的是微观金融风险的渐进积累,金融风险要经过一定时间的积累发酵阶段,单个微观金融主体虽然短期内没有达到破产地步,但是都面临程度不同的损失性风险。如果这些风险没有得到控制,而是长期在行业内积累,当逐渐达到许多微观金融主体的破产临界点时,就会引爆系统性金融风险,一发而不可收。

例如,证券业如果大量挪用客户保证金,形成全行业大面积巨额亏损的局面,多数证券企业甚至面临倒闭风险,那么微观金融风险转变成系统性金融风险的临界点也就到来,政府就不得不出面实施大规模关闭、重组措施,阻止系统性金融风险的发生。

实际上,现实中也存在两种情况交织的现象,即一方面金融市场中的金融主体都已经感染金融风险,另一方面部分大金融主体的资产已临近爆发金融危机的程度,两者的相互作用就会形成国家金融系统的全面危机。比如,东南亚金融危机中的泰国就基本属于这种情况,一方面固定资产投资占用了大量流动资金,许多金融机构不得不依靠国际金融市场融资,导致外债比例急剧增多,特别是短期外债增多,而且坏账增多,部分金融机构面临巨大金融风险,绝大部分小金融机构则面临生存危机。而少部分国际资金的抽逃就会导致流动性资金紧张,甚至是国家整个资金供应链断裂。由此导致的商品资产的贬值又会急剧加剧这种局面,形成正反馈效应,最终造成国家金融系统的彻底崩盘,爆发系统性金融危机,从而对社会各主体形成巨大冲击,给全社会带来巨大损失。

上述渠道的基本条件一旦具备任何一个,就意味着微观金融风险转化为宏观金融风险成为现实,即第二类风险——系统性风险,表明金融风险的性质发生了质的变化,个体(私人)风险转变为公共风险,风险承担主体也相应地从微观主体(个人或金融机构)转变为政府或人民大众。如果政府不能迅速扑灭酝酿、涌动中的风险,其发展到一定程度就会形成危及全社会的金融危机。

从世界各国的教训来看，金融危机不管是由什么原因引起的，最终都表现为支付危机，表现为流动性的极度紧缩。开始的时候要么表现为无法清偿到期国际债务（国际收支风险），要么表现为银行系统无法满足国内存款者的普遍提存要求（流动性风险）。然后，形成"羊群效应"，人们蜂拥挤提，无法平息市场信用危机，最终导致银行破产。正是因为流动性有如此巨大的重要性，不少国外货币金融论著都将系统性风险定义为由支付链条遭到破坏或中断导致的危局，即国家金融系统功能结构的破坏。走出困境的办法只能是政府从幕后控盘手变为台前指挥者，采取救援行动，强制修复金融系统功能结构。

（六）外源性金融风险

外源性金融风险包括跨境资金流动引发的系统性金融风险、外债引发的系统性金融风险和汇率变化引发的系统性金融风险等。

外源性金融风险是由于国际金融系统的变化，即国际金融市场的变化而产生的国家金融风险。国际金融系统是国家金融系统赖以生存、发展的环境，环境隐含的风险会通过各种渠道转换为国家内部金融主体的风险，在国内风险积累到一定程度就会爆发系统性国家金融风险。国际金融市场是没有国家强制力制约的市场，国际机制是其运行的软约束，即国际金融系统依靠国际金融组织维持国际金融系统的正常运转。但是，国际金融市场的力量是巨大的，其主体会利用国际金融系统的运行机制牟利并危及国家金融系统安全。

在经济全球化的今天，由国界分割开的各国内部市场通过国际贸易和国际投融资逐渐形成一个全球统一的大市场。事实上，国际金融市场正处在向全球化方向发展的过程中，还远没达到一体化的程度，并不存在全球意义上的市场。市场不仅被分割成以国家或地区为单位的条块，各种资源也未达到自由流通的程度。而且，每个国际金融系统都有自己的金融系统功能结构为国际资金流动提供渠道。国际资金流动渠道的存在使各国金融系统处在受利益驱使的国际游资的包围之中，并受其冲击。

在各国资产价格存在很大扭曲的情况下，国际资金不停地在世界各国之间跨境流动，追逐汇率差或利率差带来的收益。正是国际金融市场的这种存在狀态，才给国际游资提供了生存空间。所以，外源性国家金融风险的根源在于国际金融市场的价格扭曲。虽然金融炒家用少量资金以"四两拨千斤"的手法推动了某些国家金融危机的爆发，但这并不是国家金融危机爆发的真正原因。金融炒家不过是立足于国际金融市场的态势驱动了"羊群"，扮演了国际金融市场平衡的角色而已。不然，市场的不平衡调节也会以其他的方式出现，金融危机并不会避免。目前，许多国家把治理由跨境资金流动带来的金融风险的重点放在跨境资金流动的监测上，依靠国家强制力来遏制这种金融风险。实际上，这是一种舍本逐末的做法，并不能从根本上消除跨境资金流动带来的系统性金融风险。我们要转变治理的思维方式，从纠正市场扭曲入手，彻底消除浮动汇率下的特殊国家金融风险。

当然，就现实而言，各国又不得不采取符合现实的渐进式治理策略，在国家管制下逐步过渡到市场的平衡。随着金融国际化和自由化的不断深入，各国金融系统对资金跨境流动管制逐渐放松，有些国家在国力还没有达到所需的程度时就不合时宜地放开了资本项目的管制。当这个国家的资产价格扭曲或汇率高估之后，国际游资就会蜂拥而至，追逐由各种扭曲带来的盈利机会，推高资产价格，然后迅速地大规模撤离，谋求自己的利益。当金融监管当局应对措施出现失误或错误时，就会引发金融危机。例如，东南亚金融危机时，泰国为抑制通胀而实行紧缩政策，把利率提高到不恰当的程度，而资本项目已经开放，资本可以自由流动，致使境外游资大规模涌入进行套利活动。然后，游资又瞬间撤离，导致泰国陷入金融危机之中。所以，各国对导致跨境资金快速流动的资本项目开放都采取了审慎的态度，加强对外债、间接投资和直接投资的监管。

四、金融风险的经济效应

正是由于金融风险是金融市场的一种内在属性，并且具有客观性、普遍性、扩张性、多样性、可变性等特征，它所能造成的可能后果是十分严重的，尽管经济行为主体也有可能在金融风险中获取一定的收益。

有学者将金融风险的效应（也可理解为金融风险的影响）划分为经济效应、政治效应和社会效应三个方面。一旦一国发生了严重金融风险甚至演变为经济危机，政治上发生变动的可能性就会剧增，威胁到该国的政治安全和政治稳定。例如，1929年美国爆发的经济金融危机导致总统胡佛下台；1997年亚洲金融危机导致泰国一系列的高层人事变动，韩国、印度尼西亚等国政局变动；2011年欧洲的主权债务危机导致全球金融市场大幅动荡，最终致使政局巨变；等等。这些例证无一不说明金融风险可能带来的政治上的不良结果，人们称之为金融风险的政治效应。金融风险的社会效应则往往体现在金融业这一特殊行业的明显社会性特征上，倘若金融机构不能清偿债务，整个社会将要承受其带来的负面示范效应，社会经济秩序也会发生混乱。

（一）微观经济效应

金融风险的微观经济效应可由以下五点来概括：

1. 直接经济损失

经济主体的直接经济损失可谓金融风险所带来的最显著后果。比如，经济行为主体在买进外汇进行套汇或套利时，汇率下滑；购买股票后，股价大跌；进行股指期货炒作时，指数与预期相反；等等。无疑，这些情况都会给行为人造成重大损失。当经济行为主体是一个大银行或者国家时，金融风险所能带来的损失可以巨大得令人惊异。

2.潜在损失

金融风险会给经济主体带来潜在的损失。例如，一个企业可能因贸易对象不能及时支付债务而影响生产的正常进行；购买力风险不仅会导致实际收益率下降，而且会影响经济主体持有的货币余额的实际购买力；一家银行存在严重的信用风险，会使消费者对存款安全产生担忧，从而导致银行资金来源减少，业务萎缩。

3.预期收益和投资信心变动

投资者的预期收益和投资信心也将受到金融风险的影响。一般地，金融风险越大，风险溢价也相应越大，于是调整后的收益折扣率也越大。而金融体系的稳定是需要依靠各经济行为主体的信心来维系的，当金融风险诱发，经济行为主体的信心将发生不同程度的动摇。例如，股市投资者因对金融市场失去信心而大规模抛售股票，严重者将导致证券价格的急剧下跌；存款人因对某家银行失去信心而挤提存款，严重者将引发银行危机或致使该银行最终倒闭。

4.经营管理成本和交易成本增大

经营管理成本和交易成本的增加是由于经济行为主体收集信息、整理信息的工作量、难度以及预测工作的成本和难度都在增加，甚至增加了经济行为主体的决策风险。与此同时，由于金融风险导致市场情况的变化，经济行为主体在实施其计划和决策的过程中，必须适时调整行动方案，对计划进行适当的修改、扬弃，如此一来将增加管理成本。以商业银行为例，商业银行在运营过程中，由于金融风险的存在，必须实施金融风险防范策略，对原有计划进行修改，这就增大了管理成本。同时，由于资金融通中的不确定性，市场上的许多资产难以正确估价，资产的估价程序纷繁复杂，使市场缺乏效率，增大了交易成本，影响了交易的正常进行。有的时候对金融风险的估计不足还将导致一些不应有的损失，如由于实际通货膨胀率超过预期，企业在生产过程中难免会出现生产资金预算不足的情况，从而导致生产计划被修改。

5.资金利用率降低

由于金融风险的广泛性及其后果的严重性，一些经济行为主体不得不持有一定的风险准备金来应付金融风险。由于流动性变化的不确定性，难以准确安排备付金的数额，银行等金融机构往往会发生大量资金闲置的现象。此外，由于担忧金融风险的存在，一些消费者和投资者会选择持币观望，从而导致社会上的大量资金闲置，增加了机会成本，降低了资金利用率。

（二）宏观经济效应

金融风险的宏观经济效应也可归纳为以下五点：

1.宏观经济指标变动

主要表现为实际收益率、产出率、社会消费和投资水平下降，经济增长速度放缓，金融风险越大，这些重要指标下降的幅度就越大。这一效应早在20世纪60年代末就已被一些经济学家所发觉。这仍然要归因于金融风险所能导致的十分严重的后果，当大部分的经济行为主体都采取谨慎的应对策略时，社会总投资和消费水平将下滑。例如，经济行为主体为降低投资风险，不得不选择风险较低的技术组合，引起产出率和实际收益率下降，并且由于未来收入的不确定性，个人未来财富可能出现较大波动，境况相对变坏，从而不得不改变其消费和投资决策。此时，投资者会因为实际收益率下降和对资本安全的担忧而减少投资，导致整个社会的投资水平下降；消费者为了保证在未来能获得正常消费，总是保持较谨慎的消费行为。

2.社会生产力水平下降

金融风险会使经济运行基础遭到破坏，导致产业结构发展畸形，整个社会生产力水平下降。金融风险会致使大量资源流向安全性较高的部门，造成边际生产力的下降和资源配置的不当，一些国家经济的关键部门会因此形成经济结构中的"瓶颈"。金融风险还会扰乱正常的信用秩序，各个经济行为主体之间的到期不能支付债务不断增大，这将导致极其严重的后果。例如，一家银行因经营不善而倒闭会增强存款人对信用风险的警戒,可能触发银行信任危机,引起存款人大规模挤提,严重者甚至会导致金融制度崩溃。在 1929—1933 年的经济大危机中,美国平均每年有 2 000 家大银行停业,其中 1933 年一年停业的银行就达 4 000 家,导致信用关系中断,不仅使全社会损失了巨额的金融资产,并且导致了严重的经济衰退。一些经济行为主体往往选择风险较低的传统技术方法,一些进行技术革新的经济主体又难以筹集到开发资金或从银行获得贷款。信息不对称等客观现实的存在将使金融风险对过度投资以一种产业的抑制作用局限在十分有限的范围内,而调节由金融风险造成的过度投资的成本将相当昂贵。

3.金融市场秩序混乱

金融市场秩序混乱将破坏社会正常的生产和生活秩序,甚至使社会陷入恐慌,极大地破坏生产力。这是由严重的金融风险所引起的。1997 年发生的东南亚、东亚金融危机造成严重后果,世界经济增长率受其影响,下降了 1% 以上。处于危机中心的一些国家和地区的经济增长率更是受到严重打击,下降了 2%以上,有的国家经济因此而倒退了 10 多年,印度尼西亚还因此产生了一场政治危机。

4.宏观经济政策的制定和实施受到影响

宏观经济政策的制定和实施将受到影响,甚至造成财政政策和货币政策的扭曲。从一定角度上讲,政府对宏观经济的调节也就是对市场风险的调控。如中央银行在市场调节货币供求,使资金供求平衡,以降低市场的不确定性。金融风险又会影响宏观政策,如增加宏观政策制定的难度,削减宏观政策的效果等。在政策的传导方面,金融风险使得传导机制中的利率、信用等某些重要环节出现障碍,导致偏差出现;在宏观政策的效果方面,各经济行为主体为回避风险,会尽可能充分地利用有用信息,并据此判断未来的政策及其可能产生的效果,采取相应的应对措施,从而使政策的预期效果难以达到。

5.国际收支状况受到影响

金融风险关系着一国的贸易收支,直接影响着国际经贸活动和金融活动的进行。原因有四:其一,汇率的上升或下降影响着商品的进出口总额,影响着贸易收支水平;其二,投资环境变差,可能是利率风险大、通货膨胀严重、国家风险大等因素造成的,外国投资者减少对本国的投资和其他交往,导致各种劳务收入的减少;其三,金融风险也影响着资本的流入和流出,利率风险和汇率风险的大小,会引起国内资本的流出或者国外资本的流入,企业信用风险、国家风险等都会影响甚至决定国际金融组织贷款、政府借贷、短期资金的拆放、直接投资等经济行为和决策,从而直接影响一国的资本项目;其四,汇率的波动将会引起官方外汇储备价值的增加或减少。因此,金融风险影响着国际收支的平衡项目,如 1997 年的东南亚金融危机使马来西亚等国几十年来苦心经营积累的外汇储备顷刻间消失殆尽。

五、金融风险的识别

金融风险的识别是进行金融风险管理工作的最基本一步。金融风险管理犹如与千变万化的各种风险进行对决,而识别金融风险则是准确打击各种金融风险的基础,恰如军事战略中"知己知彼"的"知彼"一环。做好了金融风险识别,后面的度量、选择策略等步骤将会变得更有针对性、更有效率。

(一)金融风险识别的概念和意义

金融风险的识别是指运用有关的知识和方法,系统、全面、连续地对经济主体所面临的各种风险因素进行认识、鉴别和分析的行为。

金融风险识别是金融风险管理的第一步。实际上它是一个搜集并研究有关金融风险因素和金融风险事故信息、发现潜在损失的过程。它不是简单、片面地指经济主体对已存在损失的一种确认。通过建立系统化、制度化的风险识别机制，可以提高风险管理的主动性和反应速度，保证风险管理决策的有效性，提升经济资本的配置效率。国际知名商业银行往往建立科学的风险识别程序并建立相应的风险识别系统，为风险的评估准备数据信息基础。

概括而言，金融风险识别的意义有以下三个方面：

1.它是金融风险管理最基本的程序

金融风险识别的主要目的在于，尽可能地了解经济行为主体所面临的金融风险的客观存在，分析风险产生的原因，从而选择合理、有效的管理手段进行风险防范和处理。如果没有针对性，即使经济行为主体拥有极为优越、便利、可行的风险管理手段，最终金融风险管理的效果也不会是理想的。尤其是当企业在采用风险控制技术时更是如此。可以这样说，金融风险的识别是整个风险管理过程中极为重要的程序。

2.它是整个金融风险管理过程中极为艰难和复杂的工作

识别金融风险的主、客观原因决定了这一工作的艰难性。风险具有复杂性和多变性，而且识别金融风险会受到经济行为主体风险意识强弱的影响。一个具有较强风险意识的经济行为主体，更愿意、更容易觉察金融风险的存在；相反，倘若经济行为主体的金融风险意识淡薄，则容易无视金融风险的存在。

3.它是一项连续性和制度性的工作

金融风险的特性表明，此时的风险绝不意味着彼时也会出现相同的风险表征。此外，从经济行为主体的大环境来讲，它们处于变幻莫测的世界之中，新技术、新产品、新工艺甚至新的价值观念的不断出现均可改变原有的风险性质，也可能增加前所未有的新风险。因此，要了解、掌握企业的风险状况，就必须保持识别风险的连续性。同时，由于风险管理是一项科学管理活动，它本身要求有组织，并且需要落实为一项贯穿始终的严格制度。因此，金融风险的识别还是一项制度性的工作。

（二）金融风险识别的要求

为完成这项有一定难度的工作，我们需要有警醒的态度、全面深入且连续的识别决心，必须做到以下三点：

1. 及时、准确地对金融风险进行识别

及时，表示在发现了经济行为主体所遭受的金融风险之后仍留有足够的时间去反应和应对。从最基本的意义来说，它的要求在于，在金融风险产生之前（在孕育过程中）或者是金融风险很小时就发现。倘若只在金融风险扩散或者严重之时才对其有所正视，则防范或者化解风险就会变得相当困难，不但难以遏制损失的增加，还会带来较高的管理成本。准确也是金融风险识别时很关键的一个要点，倘若识别有误的话，将给金融风险管理对象带来麻烦甚至不可避免的损失。所以，只有及时、准确地识别金融风险，把握风险的严重性，才能采取相应精准有效的措施加以防范和化解，达到预定的风险管理目的。

2. 全面、深入地对金融风险进行识别

金融风险涉及经济社会的各个层面。例如，同一项商业银行业务也可能面临多种不同的金融风险。经济行为主体必须对自身所面临的金融风险有着清醒、全面、深入的认识，包括对自身经营所涉及的各项业务、每项业务的各个环节以及所可能遭遇的每一种金融风险的认识。一旦忽视了任意一项重要环节，之前被认为并不起眼的细小方面，很可能给自身带来金融风险管理的失败，承受巨大甚至是致命的损失。因此，识别金融风险要进行深入的分析和研究，时刻把握自身经营的状态，不漏掉任何一个潜在的风险源。

（三）必须连续、系统地对金融风险进行识别

连续地对金融风险进行识别是由金融风险的可变性所决定的。尤其在变幻无常的现代经济社会中，金融风险呈现出较强的不确定性，或从无到有，或从有到无，时而增大，时而减小。经济行为主体必须根据具体情况的变化，随时

关注各种金融风险及其变化。金融风险的扩散性特征要求经济行为主体系统地识别金融风险，拥有系统观、全局观，不要将目光仅仅限定在一两种看似严重的金融风险上，而要统筹兼顾，否则将顾此失彼，得不偿失。

第二节 金融风险管理的基础理论

风险管理从狭义角度讲是指风险计量，即对风险存在及发生的可能性、风险损失的范围和程度进行估计和衡量；从广义角度讲是指风险控制，包括监测及制定风险管理规章制度等。总体来讲，金融风险管理是指人们通过实施一系列的政策和措施来控制金融风险以消除或减轻其不利影响的行为。金融风险管理的内涵是多重的，对于金融风险管理的含义，应从不同角度、不同层面加以理解。

一、金融风险管理的意义

加强金融风险管理，可以保护单个经济主体的交易免受经济损失，并且其日常经济管理也需要一个完善的金融风险预警和监控系统，随时发现风险的存在及变化，以做到有的放矢、有备无患；对于国家、社会这类经济整体而言，金融风险管理的重大意义不言而喻，金融风险甚至可以危害到一国经济稳定、国家经济主权的控制等。下面将从单个经济主体与经济整体（即单个经济主体的集合，可以是一个经济集团、国家甚至全球等）两个层面来探讨金融风险管理的意义所在。

（一）对单个经济主体的意义

单个经济主体包括居民个人、家庭、企业以及政府等（单个银行及非银行金融机构自然也包括在内），其抵抗金融风险的能力毕竟是很有限的，尤其是对于居民个人、家庭以及风险管理体系通常不甚完善的中小型企业而言。本着审慎的管理原则，金融风险管理应当渗入单个经济主体日常经营管理的每一个角落。

第一，金融风险管理可以使单个经济主体加强对自身金融风险的认识。经济主体的某个部门或者部分业务在建立了一定的金融风险管理机制或者采取了一定的风险管理措施之后，各种潜在经济损失就可能被识别、度量和处理（其识别、度量的准确性则是另一个议题，依赖于管理者的技术水平以及所采取的金融风险管理策略等因素）。能够意识到金融风险的存在是进行有效管理的前提。例如，商业银行可以通过监控资本充足率、不良贷款率等指标来判别自身的经营风险状况，一旦这些指标出现异常波动或者接近国际惯例的临界值，就意味着金融风险在不断增大。

第二，金融风险管理能够帮助单个经济主体以较低成本来避免或减少损失。金融风险管理的实质是一套预测、监控和处理金融风险的有效机制。在识别、测定了单个经济主体金融风险的存在后，风险管理措施的选择和实施需要付出一定的成本，在能减少或避免损失的前提下控制经济主体所付出的成本是金融风险管理过程中要认真思考的问题。例如，在商业银行的贷款类风险处理中，可以要求借款人提供价值不低于贷款本息的抵押品，也可以将贷款证券化，从而把该贷款的信用风险转嫁给其他投资者。

第三，金融风险管理可以为单个经济主体提供相对宽松、安全的资金筹集与经营环境，提高其资金使用效率，确保经营活动的正常进行。实施金融风险管理从某种程度上来说能够减少或者消除单个经济主体的紧张不安和恐惧心理（尤其是对投身于价格起伏波动的股票市场中的居民个人和家庭而言），提高其工作效率和经营效益。从资金使用方面来说，金融风险管理中有各种防范措施和对策，可以根据各金融变量变动的情况，保持相对稳定的收入和支出，减少现金流量的波动。例如，企业可以运用期货、期权等金融工具来避免利率风险和汇率风险，也可以通过合理计提一定的备付准备金来防范流动性危机，同时也能够防止因大量资金闲置而导致效率低下的情况发生。单个经济主体可以在金融风险管理的框架下促进资金筹集和资金经营决策的合理化与科学化，减少决策的风险性。

第四，金融风险管理有利于单个经济主体经营目标的顺利实现和良好形象的树立。获取收益和利润是单个经济主体进行经营的最直接目的，金融风险管理能够把经济主体所面临的金融风险降低到最低，减少影响预定盈利目标实现的不确定性，直接或者间接地减少费用开支，最终最大限度地保证预期收益的获得。树立良好形象的意义对金融机构而言更为突出，一家建立了完善风险控制体系的商业银行对储户而言是具有相当大的吸引力的，它可以保证储户资金的完好保管和有效运用，减少纠纷，增强合作，不必担心挤兑等严重现象的发生。客户的信任是金融机构持续经营的基石。

第五，金融风险管理能够有效处理金融风险造成的后果损失，防止发生连锁反应。金融风险一旦发生，小则造成一定的经济损失，大则危及单个经济主体的持续经营。例如，市场环境的异常变动或者信用风险可能导致单个企业原材料购买的资金链断裂，导致其无法持续生产经营。倘若企业具有一定的风险防范措施，能够迅速得到补充的生产资金，就可以将损失减至最小，避免由此引发的其他损失。金融风险管理对银行的意义更为明显。当一家银行出现流动性风险时，其筹资成本增加，而一旦不能得到很好地处理和控制，很可能诱发挤兑风潮，甚至导致银行倒闭。

（二）对整个经济体系的意义

作为单个经济主体的有机集合，经济整体的情况更为复杂，它实际上还囊括了由单个经济主体之间的交错关系而造成的风险因素，要求更高水平和更为严密的金融风险管理体系。对整个经济体系而言，金融风险管理的意义更为宏观，影响更为巨大。

第一，金融风险管理是一国经济发展形势的需要。在现代经济社会中，无论是何种所有制结构的国家都需要进行金融风险管理。这是因为，作为现代经济核心的金融正以越来越快的速度、越来越强大的力量渗透到社会经济的每一个角落，金融风险成了宏观经济管理者必须正视、有效管理的问题。金融风险监管的课题也正被金融理论与实践工作者关注。尤其是对于尚处于高速经济增长阶段的中国而言，金融风险会由于摩擦而产生于经济生活的方方面面，金融风险管理是必不可少的。此外，不仅限于金融经济领域，社会的安定与和谐也会受到金融风险管理水平的影响，这是由金融在现代经济的广泛渗透造成的。

第二，金融风险管理是适应国际竞争的需要。20世纪70年代以来，金融自由化和金融一体化程度日益加深，各个国家处于相对联动的环境中，2007年的美国次贷危机和2009年10月20日开始的欧洲主权债务危机都有力地凸显了当今经济社会中金融风险传导速度的威力。金融管制是国家应对金融风险国际性传导的必然举措，然而在金融自由化环境下，管制往往催生经济主体在相应的制度、工具或者机构方面的金融创新，风险在创新的推动下不断滋长，产生金融管制与金融风险相互追逐的螺旋式上升现象。此外，新的国际金融环境变化和国际金融创新带来了国际虚拟资本的急剧增加，增添了国际交易的不确定性。据统计，21世纪初始，全球每天有两亿美元的金融交易，但是其中只有百分之二的交易与物质生产和交换有关。从国际性视角来看，金融风险带来的危害更为巨大，各国的货币政策独立性正日益被削弱，如何进行有效的金融风险管理是每一个国家正努力研究探索的问题。

一国的国际收支状况能够由于金融风险管理水平的提高而获得改善。这可以从三个方面加以说明：其一，金融风险管理水平的提高可以带来良好的投资环境与合理的经济秩序，使国家之间的经济贸易关系得到进一步发展；其二，更多的外国直接投资资本能够被吸引进来，使资本项目得到改善；其三，加强金融风险管理可以在一定程度上减少一国国际储备由于利率、汇率以及通货膨胀等因素造成的损失。

第三，金融风险管理有助于规范金融市场秩序。实践研究表明，加强金融风险管理，建立较完善的风险管理机制，能够保证市场上各个参与者的行为趋于合理化和规范化。这是由于金融风险管理手段的引入能够促使投资者与筹资者双方行为的理性化。一方面，投资者在投资时需要考虑到各种经济变量的变化趋势，通过分析和评估各种金融资产状况来选择最佳投资组合，防止风险的产生和扩大，从而降低整个市场的金融风险水平，使金融市场的高效、稳定运转得到保证；而筹资者在筹集资金的过程中也需要仔细度量所承担债务的合理数量、期限结构以及通货膨胀等因素，根据实际需要、偿债能力和偏好来确定适当的债务总量和结构，确保所筹集资金的顺利回流。另一方面，各种类型的交易行为规范和约束措施，如市场准入和退出的条件、交易规则以及保证金制度等，能够有效防止市场参与者的一些高风险投机行为，从而规范市场秩序，减少市场交易双方之间的纠纷，提高市场效率。

第四，金融风险管理能够优化社会资源配置。提高效率、合理配置资源、使有限资源得到充分利用是金融市场机制能起到的重要作用。对于一个经济整体而言，金融风险管理优化社会资源的作用主要体现在对一国产业结构的调整方面。经济主体往往趋向于将资源投向安全性较高的部门，然而这并不能带来一国产业结构的合理化，甚至造成产业结构的畸形发展。而单独依靠市场机制来对产业结构进行调整也是不现实的，其成本巨大。因此，通过经济主体自觉加强金融风险管理，预先消除或者预防一些风险较大的行业（如技术开发等）在经营中的不确定因素，可以使其不利影响得到一定的控制，资源将流向那些风险大但收益高的行业或部门。从这种意义上来说，金融风险管理是有助于提高社会生产率的。

第五，金融风险管理能够改善宏观经济环境，促进社会经济稳定有序地发展。这个意义可以从集合效应上来理解：当所有或者大部分的经济主体都采取一定的金融风险管理手段来防范风险的时候，社会整体的金融风险防范已达到一个很高的水平，微小的经济变量变动也可以通过指标的显示监测到，一旦达到形成风险的临界值便会发出警示，而风险防范措施的采用也是逐层递进的，其目的在于以最小的成本来避免最大程度的风险损失。由于金融风险的种类多样、危害程度各异，倘若任由其发展必将危害社会生产的正常秩序，甚至造成社会的恐慌，如信用风险可能带来银行挤兑风潮。加强金融风险管理，有利于保证社会经济的安全，创造良好的经济环境，促进社会生产的正常有序进行和健康发展。

二、金融风险管理的分类

为了全面认识金融风险管理，有必要了解金融风险管理的分类，从不同角度去理解金融风险管理的实质，获得较深层次的认识。

（一）内部管理与外部管理

根据管理主体的不同，金融风险管理可以分为内部管理和外部管理。这里的管理主体的判别准则在于实行金融风险管理措施的是否为经济行为主体本身。

金融风险内部管理指的是经济行为主体针对自身存在的危险因素实施一系列的管理措施，进行内部管理的经济主体可以是个人、金融机构、政府等。尤其是金融机构，其自身的风险管理一直以来是众人所关注的话题。由于金融机构从事的是专门的金融业务，所面临的金融风险（不论是显性还是隐性的）毋庸置疑是最为突出的，其风险管理水平的高低不仅关系到自身健康持续经营的问题，更关系到社会金融经济秩序的稳定性，是一国经济中牵一发而动全身的关键所在。当然，金融机构的风险管理水平存在差异性，需要金融机构不断加强内部建设，建立全面风险管理机制，在保证安全运营的前提下追求盈利最大化。

金融风险外部管理是指经济行为主体之外的机构或组织对其进行的风险管理行为，包括监督机构的风险监管、行业自律组织的管理等。一般情况下，进行外部管理的组织机构不参与金融市场上的交易，因而它们通常制定一系列的行为规范或者对管理对象进行风险警示，以达到约束风险管理对象行为的目的，尽可能地减少风险损失。其中，政府监管通常是以国家权力为后盾，其管理行为具有强制性、全面性和权威性。

（二）微观金融风险管理与宏观金融风险管理

根据涉及的范围不同，可以将金融风险管理分为微观金融风险管理和宏观金融风险管理。

这也是众多的金融风险管理书籍中常用的分类法。在进行管理时，它们的风险管理"整体"观念是不同的：微观金融风险管理以个人、单个企业等作为"全局"来进行相应的风险布局措施；而宏观金融风险管理中囊括了许许多多的单个经济主体，是一个有机集合体的概念，其风险管理行为更为复杂、多变，要求管理者具有战略性、全局性、动态性和开放性的管理观念。

三、金融风险管理的特征

一般地，管理对象的不同特性决定了管理方式与性质方面的差异性，下面将从宏观和微观两个角度论述金融风险管理的特征。

（一）宏观金融风险管理的特征

实际上，一个国家的部分宏观经济政策（如中央银行的货币政策与财政部的财政政策等）与金融监管部门的规范、措施等内容（如银行业的市场准入标准等）是最常见的宏观金融风险管理表征。人们研究较多的是属于微观层面的金融风险管理特征，相对于微观风险管理，宏观金融风险管理特征大致可归纳为以下两点：

1.战略性

在风险估计、策略选择及评估等风险管理步骤中，需要始终坚持整体的管理观念，宏观金融风险是每一个置身其中的经济主体必然要面临的不确定性。宏观金融风险管理的战略性其实也可以用全局性、全面性等与"宏观"相对应的字眼来描述，在于强调管理者进行风险处置时的通盘考虑，以及在时间、空间上的统帅意义。由于宏观金融风险是单个市场经济主体无法消除的系统性风险，单凭经济个体的力量是无力管理的，必须由一个市场管理者来统领全局。这一战略性特征作为宏观金融风险管理的特性之一，意在突出管理的国家层次高度和对经济整体的宏观把握。

2.综合性

这个特性应该从其管理实施部门的组成上来理解：以国家的金融监管当局为主，其他如审计部门、工商管理部门以及司法部门等都承担了一定的宏观金融风险管理职能。例如，审计部门需要对企业的财务情况进行审计监督，防止企业以编制虚假报表等形式来造假，这对规范上市企业来说尤为重要，可以减少证券价格风险；工商管理部门则通过对企业的经营范围以及经营行为进行限制来减少企业经营方面的不确定性；司法部门通过保障各种合同的履行来消除或减少信用风险等。倘若从世界经济这一整体来看，国际金融市场上更需要各国金融监管部门的相互合作与协调，需要如国际货币基金组织、世界银行和国际商会等国际组织来共同完成对世界性金融风险的管理。但从一般意义来讲，宏观金融风险管理指的是对单个国家层面上的金融风险进行管理。

（二）微观金融风险管理的特征

作为经济主体的个体行为，微观金融风险管理具有以下几个特征：

1.经济主体日常管理的重要组成部分

在现代金融已将触角伸向经济生活各个角落的今天，微观金融风险管理成了每一个现代企业所必修的功课。特别是对金融机构而言尤为重要，全面风险管理（Enterprise Risk Management, ERM）已经为银行业所广泛推行和采用。ERM强调对风险的全面、系统、动态和战略性把握，以及管理措施的全方位、多层次和有针对性，也可为一般企业所吸纳。企业通过完善公司治理架构，突出董事会、风险管理委员会和审计委员会等企业内部组织在风险管理方面的作用。当企业在制度、机制以至企业文化上建立起全面风险管理体系时，金融风险管理已悄然成了现代企业日常经营管理的重要成分。

2.管理的复杂性与相容性

现代经济社会中有太多的不确定性在影响着人们的生活，就个人理财而言，利率、汇率和通货膨胀等价格性金融风险是必然要面对的。例如，外汇存款人将同时面临利率风险、汇率风险及其他类型的金融风险；企业（尤其是金融机构）在筹资、经营和投资乃至利润分配的财务管理过程中的不确定性因素常在，管理起来也颇为复杂；银行在贷款活动（如资金的运用）中会同时面临信用风险、利率风险和流动性风险；等等。这些金融风险特性不一，有的可以通过管理进行分散并最终消除，有的则属于系统性风险而不能避免。此外，金融风险的扩张性和可变性特征也在昭示着微观金融风险管理的任务不会轻松。风险管理的相容性很好解释，即在处理微观主体面临的各类风险时，最终目的都是减少风险损失、最大化经济主体的价值，在对单个风险进行措施设计时不能相互违背，至少不应有相互抵消的作用，否则就做了无用功。

四、金融风险管理的目标

从国家层面来看，宏观金融风险管理的目标是保持整个金融系统的稳定，避免出现金融危机，维护社会公众的利益。但具体说来，宏观金融风险管理的目标主要从两个方面来体现：第一，稳定性目标，即保持金融市场的稳定，保持人们对国家金融体系的信心；第二，促进性目标，即促进金融市场有序、高效率地发展，促进各经济主体健康、稳健地经营。

对于稳定性目标，可以将其视为一国进行宏观金融风险管理所需达到的基本标准。因为归根结底地说，金融风险管理的最终目的就在于尽可能地规避或减少风险，避免经济主体遭受巨大损失。保持金融系统原有秩序的稳定性或者维持基础条件不至于恶化是管理的最基本要求，即进行金融风险管理是报以不断进步的态度，最终达到金融秩序及其资源的不断优化，从而使金融风险被约束在极小的范围内发挥作用。对于第二个目标，促进性是稳定基础上的更高一个层次的要求，不仅包括良好秩序的维持，更包括由各类资源的优化配置而形成的更为有效的风险约束机制的建立。

（一）目标制定的前提和原则

不同于宏观金融风险管理目标，微观金融风险管理的目标设置受到多方因素的影响。在探讨究竟何为微观金融风险管理目标之前，首先需要了解有关微观金融风险管理目标设置的前提和几点原则。

微观经济主体的经营都是以获取最大经济利益为目的的（公益性市场参与者除外）。因此，其风险管理目标确定的基础是进行有效的成本-收益分析。可以说，金融风险管理目标的确定是微观风险管理主体在不同的风险管理方式之间进行成本-收益分析的结果，否则容易陷入盲目的、缺乏科学性的风险管理目标。

金融风险管理目标的确定需要遵循下面几点原则：①现实性，即应该符合企业及个人生产生活实际的需要，能够实际解决经济环境中危害到企业及个人的问题；②明确性，即金融风险管理目标必须具体、明确，模糊不清的目标有时候只能够带来更为严重的风险损失；③定量性，即某些金融风险管理目标需要以定量的方式表现出来（所有风险管理目标都以定量形式表示具有较大困难且并不完全必要），其制定可以参考以往的历史数据和经验。

（二）影响目标制定的因素

微观金融风险管理目标是单个经济主体进行风险管理各项活动的中心和方向，在其制定过程中受到了以下几个因素的影响：

1.经济主体的经营总目标

金融风险管理是经济主体的日常经营管理工作的一个重要组成部分。因而，金融风险管理必然要从属于"统领"地位的这个总目标，受到单个经济主体总目标的制约并为这个总目标服务。微观经济主体的最终目的一般都是追求最大化的利润，而进行金融风险管理的目的在于最大限度地减少风险损失，也就是要尽可能地保证收益的完整性。从这个角度来说，两者实质上是统一的。然而，风险和收益是相对的，在某些情况下两者之间会有矛盾产生。当经济主体只着眼于对利润的追求而忽略对风险的同步防范时，金融风险管理的直接目的似乎在于减少利益的获得（因其着重于对经营风险行为采取相应的防范措施），是与经济主体的总目标相对的。此外，由于金融风险管理对经营规模有约束作用，当经济主体实施扩张性的经营方针时，其金融风险管理目标必然要进行调整。看似矛盾的两个目标需要经济主体的管理者权衡利弊，在做好风险防范的同时追求利益的最大化。

2.客观环境和业务特征

从某种角度来讲，金融风险本身就是由客观环境和经济主体的业务特征所决定的。环境对目标制定的影响不可忽视，尤其是在处于逐步经济改革与探索中的我国。例如，如果一个市场没有股指期货业务，又或者股指期货业务设有较高的门槛，经济主体（如个人投资者）就不能将这一工具运用于风险管理，必然影响其对股票指数变动风险进行管理的目标和策略。经济主体的类型不同，其风险管理目标也存在差异。例如，商业银行进行金融风险管理的目标一方面在于稳健安全的运营，另一方面在于维护其良好的形象，吸引顾客；而对于一个生产型的企业来说，其金融风险管理目标很可能是尽可能规避各类金融风险，保证生产过程中资金的正常、顺畅运转。

3.目标决策者的个人偏好和主观判断

微观金融风险管理目标的确定与目标决策者的风险态度密切相关。风险规避者、风险中立者和风险偏好者三类不同的风险态度人群决定了他们将采取的风险管理目标的差异性。虽然经济主体在确定金融风险管理目标时会先做一些权衡利弊的工作，有相应的监督组织负责监控，但决策者的最后决定作用是不可忽视的。一个有风险偏好的决策者必然会倾向于选择一定成本制约下的风险较大者，以增加获得较多收益的可能性。这对一般没有制衡机制的个人而言表现尤为突出：在大牛市的背景下，个人的所谓金融风险管理目标往往要比大熊市背景下的目标预期收益值高出许多。

4.管理成本

微观金融风险管理的目标当然也会受到风险管理成本的制约。人们一直强调，要尽可能以最低的成本来减少或消除风险。当金融风险管理成本超出了经济主体的担负能力时，该项风险管理决策显然是不可能实现的，制定相应的管理目标便失去了实际价值。

（三）两类微观金融风险管理目标

一般地，微观金融风险管理的目标是采用合理、经济的方法使微观经济主体的风险损失降到最低。可以将微观金融风险管理目标概括为以下两个方面：

1.风险控制目标

风险即意味着不确定性,过多的不确定性不利于经济主体在进行金融经济交易时锁定收益、获取较好的预期效用。经济主体进行金融风险管理的最明显动机即将风险控制在既定的(承受能力之内的、尽可能小的)范围之内。一般地,一些定量指标即可反映对风险的控制效果,如存款准备金、资本充足率、资产负债比率、单项资产占比以及资产负债比重的各种缺口等。前三项指标反映的是经济主体在预防风险时常常设置的目标,而单项资产占比反映的是经济主体为分散风险而设置的目标,各种缺口的大小则是经济实体在规避风险时所设置的表层目标。值得说明的是,商业银行在进行金融风险管理时往往以树立良好的企业形象为目的,这也属于风险控制目标的范畴,因为从根本上来说,这也是在将风险控制在一定的限度之内。

2.损失控制目标

损失控制是经济主体进行金融风险管理的最终目的,即消除风险或减少风险损失是管理的最终目的所在。一般地,经济主体可以根据自身的主、客观条件等实际情况,通过转嫁、保值等方式将损失降低到最低。举例来说,生产型企业将保证生产的正常运行定为风险管理目标,这实质上是在预防资金流动等环节中的金融风险,最终将可能产生的金融风险损失控制在尽可能小的范围之内。

五、金融风险管理的手段

(一)宏观金融风险管理手段

在管理目标的指引下,宏观金融风险管理的手段一般关系到经济整体的法律、经济、市场的监督及保护机制等方面,要想将金融风险的不良影响限定在一定的范围之内,可以从以下两个方面对经济整体进行合力管控:

1.建立维护市场运行的全面法规体系

在法律的"规矩"之下，经济主体的市场行为有了被规范的界限，金融风险的波动性不会一味趋于无限。而主要负责宏观金融风险管理的金融监管当局则须承担这项制定一整套适合市场运行的法律、制度和各种交易规则的任务，使市场行为有序化，更为了公平地解决交易中的争议，有效地消除和减少市场运行中的诸多不确定性，最终降低金融风险发生和扩散的概率。

这个法规体系主要可以归纳为以下三个方面：

（1）有关经济主体经营范围的法规

这类法规包括商业银行法、公司法，以及金融机构从业规定等，它们对从事经济金融交易的各类主体进行了规则限定，即从性质、地位、职能和业务等方面进行界定，以获得产权明晰的效果。当经济主体在市场上进行各类合法活动时，法律将保护其利益所得，减少日常经营的不确定性。否则，某些经济行为主体（尤其是风险偏好者）在某些情境下会因追求收益最大化而"铤而走险"，进行不正当的经营行为而严重扰乱正常的金融经济秩序，徒增风险。

（2）有关市场运行的办法和法律

这类办法和法律包括票据法、合同法、股票买卖办法、票据发行办法、担保法，以及相关的收费标准等，它们为各种金融活动的开展提供了依据、客观标准以及交易规则，使各类金融活动得到了规范。通常，经济主体在这些规则下"按部就班"（至少应在基本的法律框架内运作）地进行，交易过程中的不确定性能得到较好地控制。在市场健康发展的环境下，金融风险的发生可能性至少会更具规律性。

（3）有关经济行为主体内部的某些规定和指导原则

这类法规包括企业会计准则、资产负债管理办法以及金融机构内部控制指导原则等。通过这些法规，可以强化经济主体的经营管理，提高经营透明度，有效降低其内部的经营风险，使经济主体内部信息规范化和具有可比较性，从而使市场参与者及时、充分地了解有关经济主体的经营情况，减少不确定性和降低市场震荡的幅度，建立起投资者的市场信心。

2.监控和约束市场行为

市场行为是需要被约束的，否则经济主体在自身利益最大化的驱使下，很可能造成市场经济秩序的混乱，导致金融风险的增加。金融监管当局对市场行为进行监控和约束时，主要是对各经济主体的合规、稳健经营进行考察，防止不合格的以及出现严重经营问题的机构对市场的健康有效运行造成危害，徒增其他经济主体的风险损失。一般而言，这项内容包括对经济主体的市场准入、市场运营以及市场退出的全程监管。

关于市场准入，管理当局会设立严格的审批制度，对各类机构（包括独立法人及其分支机构）设置相应的门槛，防止或者减少不稳定机构进入市场，从源头上防范金融风险的产生。市场准入门槛的设定包括很多方面，一般囊括了有关机构的所有权结构内容（包括资本数量、资本结构、股东出资比例以及股东单位和发起人的基本状况等），法人代表和高级管理人员的资格（如要具备基本的专业知识、较强的业务能力和管理能力，以及良好的品行等），机构的内部组织结构和控制制度，有关经营计划、财务预测等资料，其他如经营场所、安全防范措施和有关部门的批准等内容。

关于市场运营行为，管理当局重在对各类机构的行为合规性和风险性进行监管，在其经营过程中对行为是否合乎规定、是否能够有效控制和防范风险作出检测和评价。现场检查和非现场检查是管理当局主要使用的两种方式。现场检查是一种较为有效的风险管理手段，在实际运用中可通过实地查阅报表、账册、文件等各类记录性资料以及询问等方式进行。而非现场检查往往通过经济主体将各类资料定期或当发生问题时报送至管理当局，管理当局通过建立警示系统，对经济主体的经营活动进行检测。相对完善的早期警示系统是完成该项检测的必要前提，一般需要预先设定各种类型的警示线，如资本充足率、流动性比率等。在非现场检查的实际运用中，通常是通过电子化形式来报送各类报表，如按季报送资产负债表、按月报送各种风险和财务状况的说明等。

关于市场退出，管理当局往往着眼于由机构退出所造成的整个市场的损害性程度如何，防止对投资者产生较大利益危害行为，从而加剧整个市场风险。

（二）微观金融风险管理手段

明显不同于宏观金融风险管理，面向具体经济主体的微观金融风险管理手段具有较强的针对性，着重于采取符合自身条件的具体策略。

1.法律法规手段

法律法规手段即经济主体需要通过严格执行相关的法律法规，制定内部规章制度和工作细则来达到规范操作行为、降低金融风险的目的。法律法规即上文中所提到的、由管理当局所制定的各类规程和约束条款。从这个角度来说，微观金融风险管理是宏观金融风险管理的有效延伸，当各级经济行为主体都沿着这条路规范地走下去时，整个国家范围的金融风险是处于一个可控、有序的法制框架之内的，金融风险的显现会更趋于规律性。以《中华人民共和国商业银行法》为例，法律中规定了有关资产负债比例管理、分业经营、同业拆借以及发行金融债券等各类要求，在实际经营中，各家商业银行管理者必须围绕这些规定作出相应决策，明确各类责任人的工作职责及规范，使法律法规的执行具有较强的可操作性，便于及时采取措施防范各类金融风险。

2.管理体制手段

这是每一个经济主体必须思虑的重要问题，它关系到经济主体自身的管理有效性以及风险可控性。这也可以视作上一策略的承接，因为各经济主体都应该在既定的法律法规下完成有效管理体制的制定，并且这个管理体制是建立在决策、执行、监督等职能相互制衡的基础之上的。

一般可将管理体制的内容分为两个部分：第一，实行决策责任制，它规定了决策人员要对自己的决策负责任，执行人员要认真地履行各项决策，监督人员要同时对执行人员的实际操作和决策人员的决策行为进行监督，加强授权管理和实行分级决策、不越级决策也是必要的一环；第二，建立权责明确、相互制约的组织结构体系，按工作特征和各项要求合理地设置工作岗位，并要明确工作任务，同时赋予各个岗位相应的责任和权力，完善相互配合、监督、制衡的内部控制制度。在这两部分内容中，所有工作和业务流程都应是在监督和约束之中的，这样可以在一定程度上减少因决策和操作失误所带来的风险损失。

3.约束措施与具体管理手段

约束措施通常表现为经济主体在日常交易行为中所要签订的、具有法律效力的合同或者协议，通过合同或协议的形式来规定交易双方各自的权利和义务，防止各种纠纷以及信用风险的产生。而具体管理手段则是属于管理体制统领下的管理措施的进一步细化，是具体业务工作过程中的程式约束与规定，含有实务规程操作的意义。例如，通过将资产负债多元化的各种方法来分散信用风险和流动性风险，通过将资产与负债的敏感性缺口或者持续期缺口调整为零来规避利率风险。

六、金融风险管理体制

（一）金融风险管理系统

以系统的眼光来看待金融风险管理，它其实就是一项复杂的系统工程，由各个密切相关的子系统有机组合而成。实质上，并不是单独的子系统凑合成了金融风险管理这一系统整体，更多的是人为地按照职能的差异将其划分为各"独立"的子系统，方便在各个环节抓住重点，使整个金融风险管理系统有效运转，真正起到防范和处理金融风险的作用。通常，金融风险管理系统由七个子系统构成：衡量系统、决策系统、预警系统、监控系统、补救系统、评估系统和辅助系统。

1.金融风险管理衡量系统

顾名思义，金融风险管理衡量系统就是用于估计和度量经济主体在日常交易中所遭受的金融风险的大小及其影响，为后面的金融风险管理决策系统的运作提供有效依据。由此可见，金融风险管理衡量系统是整个金融风险管理系统的基础，准确、有效地衡量风险才能使管理链条顺畅运行，精准地击中风险目标。一般地，金融风险的衡量都采用定量方法，以一定的数字和概率数值来表现风险及其发生的可能性大小。通过开发建立与相关业务经营相适应的风险管理模型，可以得出各类金融风险的衡量数据，从而进一步进行风险管理操作。利用模型来计量金融风险，便于风险信息的理解和传递。例如，经济主体通常采用信用评级的方法来衡量信用风险，用概率分布的方法来衡量证券价格风险，用各种缺口模型来衡量利率风险，等等。

此外，最初着手衡量的是单独的业务或者是经济主体局部的风险，其数据往往相对较小，但是将整个业务链条的风险或者整个经济主体所面临的风险汇总起来，所得到的将是一组相对较大的风险数据。在此风险汇总的机制下，经济主体宜根据风险分布的结构状况予以适当的处理。例如，目前对于整体金融风险的衡量，金融机构普遍认同"资本充足率"的衡量方法。

2.金融风险管理决策系统

金融风险管理决策系统担负的是整个金融风险管理系统的设计和运用，是整体系统的核心部分，通过制定各种防范和处置金融风险的规则、指导方针等来规范经济主体自身的业务运作，指导业务人员开展各项金融风险管理活动。通常还需要经济主体根据所遭遇金融风险的具体特征和状况来研究管理的最佳策略，确定防范和化解金融风险的各项具体措施和安排，并指挥各业务职能部门执行决策。为使金融风险管理决策系统能顺畅地发挥作用，需要经济主体内部的各项决策支持，使管理人员能够通过该系统选择最佳的金融风险管理工具、最佳的资产组合以及其他类型的决策等。以银行的决策系统为例，决策部门根据所衡量的风险状况作出安排，大多数情况下是要求计划部门对资产负债结构进行调整以缩小利率敏感性缺口，或者要求信贷人员提前收回某笔贷款以降低或避免该贷款带来的风险。

在实际的金融风险管理决策系统中,风险管理政策的制定工作通常体现为结合测定风险的大小,紧密联系业务进程,适时调整性地建立各层次管理人员、业务人员或者是下属单位的授权制度以及下级单位的经营管理权限等。

3.金融风险管理预警系统

预测金融风险,先于风险爆发之前观察风险的动态以便及时采取应对措施是很重要的,金融风险管理预警系统的设置很大程度上就在于解决这个问题。通过经济主体内部的研究机构或者外部的咨询公司等专业机构,对其经营活动中出现的金融风险进行监测和预警是金融风险预警系统的主要任务。例如,经济主体预先确定营运资本与总资产之间的比率,以此作为警戒线,在经营过程中关注该指标的变化,从而自觉地约束其投资规模。此外,商业银行经常通过观察某行业的各项相关指标,对该行业的前景进行预测分析,提出警告,为信贷人员在贷款时提供参考。

一般地,金融风险预警系统能够监测的范围较为广泛,可以根据经济主体的历史经验、同行业的经营状况以及对未来经济形势的分析来得出相应的预警结论。预警系统不但能够使经济主体了解自身经营的各类警示指标,还能够掌握所处金融风险环境的整体状态,有效增强防范风险的自觉性。从另一个角度来说,金融风险预警还能使交易对手对金融风险足够重视,从而防止其行为导致的金融风险。

4.金融风险管理监控系统

随机监督即从动态上把握经济主体的金融风险状况,督促各部门严格执行有关风险管理的规章制度和风险管理决策,严密观察并控制风险的变化,这就是金融风险管理监控系统的主要职能。监控指标可以很好地观测经济主体的金融风险状况,如资本充足率、单项贷款的占比以及流动性比率等。现代社会电子化的发展使得金融风险的监控更为便利,通过电脑联网就可以使经济主体的风险监测部门便捷地了解各部门的关键数据,随时监督各业务部门经营状况,掌握包括信贷、资金头寸、外汇交易等进展情况。值得注意的是,监控系统设施有限额权限提示、自动障碍和警讯等程序来确保授权制度的执行。这意味着，当经济主体内部出现超越限额权限的趋势时，监测系统会及时提醒业务操作人员，倘若仍未纠正或者继续违规操作，监控系统将会自动设置障碍，拒绝执行命令并同时向上级管理部门发出相应警讯。

对业务部门进行定期或者不定期、全面或者局部的稽核是非常必要的，它也属于金融风险监控系统的内容，目的在于寻找出各种隐患，检查出风险管理措施的实施情况，以便有关部门迅速改正或采取补救措施。

5.金融风险管理补救系统

补救系统会对已经显现出来的金融风险采取及时的处理措施，以减小风险损失，防止金融风险的进一步恶化和蔓延。值得注意的是，补救系统强调对已存在风险处理的及时性，即采取一定的应急措施应对已经造成的损失和危害。例如，商业银行往往通过建立呆账准备金制度来核销那些无法收回的贷款，并应用呆账准备金及时弥补损失，确保银行资金的正常运转。此外，应急措施还应包括对实物风险的规范和处理，即基础设施等发生故障时的防范措施和处理策略。在信息沟通电子化的条件下，这类风险通常表现为及时对电脑处理的资料和数据进行备份、存档，设置相应的恢复程序，即使电脑软件发生了故障，信息的完整性仍然可以保证，交易仍然可以正常进行。从某种意义上说，做好了金融风险补救系统也就是对金融风险的"后事"进行预期并做好料理准备，这是一种事后防范机制。

例如，当商业银行面临严重的流动性风险时，补救系统的任务就在于协助相关部门及时采取措施（如低价出卖资产等）以防止更严重的损失，如影响各项业务乃至银行的声誉等，严重者会导致发生挤兑现象直至银行倒闭。一般地，对于商业银行而言，补救系统的现实意义突出表现在对各项呆账、逾期贷款等问题采取切实可行的措施加以解决。当某项贷款不能收回时，补救系统中可采用的措施有要求该贷款的主管信贷员与有关部门上门催收，或者诉诸法院，力求追回贷款。

6.金融风险管理评估系统

对金融风险管理的评估也是至关重要的一环，只有对前面所采取的风险管理措施进行分析评价，才能有效地吸收经验，避免教训再度发生。金融风险管理的评估系统包括对内部控制系统的评估、对金融风险管理模型的评估以及对金融风险管理成效的评估。

对内部控制系统的评估是为了确保内部控制系统的可靠性，确证经济主体对自身风险的有效控制。选择若干典型业务，沿着它们的处理程序来检查其业务运作过程中各个环节是否得到了有效控制，这就是内部控制系统评估中对整个业务过程的评估。而另一项重要的内部控制评估即针对某个环节的评估，它通过考察经济主体各个时期的处理手续的方式（即对该环节进行稽核）来检查内部控制制度是否有效。

对金融风险管理模型评估的主要目的在于检验模型的科学性、适用性以及运用效率。回归测试是经济主体较为常用的方法，它是通过在较长时间内对风险管理对象进行观察检测，根据每天的实际变化的回归检验值与模型所得结论相比较的一种方法。

对金融风险管理的成效评估是为了估计金融风险管理的实际效果，目的在于促进金融风险管理工作以更高的效率运行。业绩考评制度和奖励办法是成效评估系统的两个重要方面。定性与定量同时操作是评估系统最有效的利用方式。例如，同时使用资本回报率（定量）与部门风险偏好（定性）维度来估测金融风险。

7.金融风险管理辅助系统

顾名思义，辅助系统的主要职责在于推动其他系统作用的有效发挥。实质上，辅助系统的作用是通过一些部门的辅助和合作行为来体现的。一般地，金融风险管理需要各经济主体建立历史风险管理数据库，用以保存过去金融风险管理过程中的各类信息，对这些信息的完整、妥善储存有利于追溯明确的事故责任和提供有效的证据。此外，科技部门和人事部门是该辅助系统的重要组成部分。科技部门通过开发金融风险管理技术网络并进行适时维护来保证系统的安全性，确保信息沟通的完整性和管理模型的保密性（为经济主体部门特有的）。人事部门则通过培训、发掘金融风险管理方面的技术专才，为进行有效的金融风险管理提供人力资源保障。

（二）金融风险管理组织体系

金融风险管理组织体系包括经济主体内部管理组织体系与外部管理组织体系两部分。内部管理组织体系指在金融风险管理对象内部进行风险控制时的各部门组织形式（与经济主体的公司治理状况有关）、各项风险管理措施和体制，以及由这些组织和体制集合而成的有机管理整体。它是微观金融风险管理的重要组织形式。外部管理组织体系则与宏观金融风险管理有关，它是独立于经济主体之外的，对经济主体的金融风险状况具有监督、控制和指导作用的外部组织形式。内部与外部的管理组织体系相结合，构成了完整的金融风险管理组织体系，在机构组织上确保了金融风险管理的全面性。

1. 内部管理组织体系

金融风险管理的内部管理组织体系是经济主体进行金融风险管理的重要机体，它与经济主体（机构）内部的公司治理紧密联系。作为受险主体，其内部控制机制的完善程度对金融风险管理的有效性有着关键的作用。一般地，机构性质的经济主体及其公司治理结构的各部分都与风险管理具有一定的关联。有人甚至认为，当代公司治理的核心是进行风险管理（当然，这里面的风险不仅仅包括金融风险）。对于一个公司制经济主体而言，其股东大会、董事会以及各业务部门都与金融风险管理有关联。以商业银行为主要参考对象能够更详细地认识金融风险管理的内部管理组织体系。

股东大会是股份制机构中具有最高权力的机构，代表着经济主体意志的机关。它可以通过行使各种职权来行使一定的与金融风险管理相关的事务，如决定对风险具有基础性影响的经济主体的经营方针和投资决策，选举和更换董事和监事，审议董事会和监事会的报告，审议经济主体的年度财务预算和决算方案等。可以说，股东大会是对经济主体的整体金融风险进行控制，并优选其风险管理体制的机构。

董事会对股东大会负责，任命管理层，确定经济主体的经营目标和经营战略，承担经济主体的最终责任。它的目的在于确保经济主体的健康运行，从而确保实行有效的风险管理。应特别注意的是，董事会下设有风险管理的关键部门——风险管理委员会，由数名董事组成，承担董事会的日常风险管理职能，定期向董事会报告有关风险管理的问题等。而风险管理委员会通常会设置"风险管理部"，其设置与公司规模大小、遭遇风险的高低程度有关联。例如，大规模企业需要设置专职的风险管理部门，负责日常和紧急状况下的风险处理，而容易遭遇工人伤害或者生产流程存在严重风险的经济主体就需要重视风险管理部的顺畅运作。

管理层（可分为高级管理层、中级管理层和基层管理层，其对金融风险管理的责任层级不同，但都起着不可或缺的重要作用）负责将董事会的战略级经营投资决策逐级细化至具有一定可操作性的管理方案、计划、组织形式等（到基层管理层一级时，往往通过具体指导员工工作行为、编制员工手册等手段，以最基本的微小行为来监控金融风险的发生）。一般地，经济主体的总经理是金融风险管理具体操作的最终责任人，同时也与各职能部门（如财务部门、科技部门、人力资源部门以及各级业务部门等）经理一道负责领导经济主体的金融风险管理工作。

其他与金融风险管理相关的内部组织形式还有审计部门。它位于经济主体各层级中，自上而下地、独立且具有一定权威性地对经济主体的业务经营等活动进行审核、检查。高层内部审计部门直接对董事会负责，向董事会作有关的审计报告；各分支机构的业务经营地域范围内也设有内部审计部门，它们对上层审计部门负责，不受各分支机构的管辖。除此之外，经济主体还可以通过外聘审计师、会计师的形式来加强金融风险管理，以达到对风险及时发现、合理处理的目的。

以上介绍的是与经济主体内部有关联的主要组织形式。实际上，一个合理、科学的金融风险内部管理组织体系可以分为三个层级：第一层，董事会与风险管理委员会，处于经济主体金融风险管理的最高层，制定和处理有关风险的战略级事务，决定和引领管理层和基层的风险管理工作方向；第二层，风险管理部，风险管理委员会下设的独立于日常交易管理的实务部门，这一组织专门负责具体金融风险管理策略的制定和工作的协调、实施，它的两个分部——战略组和监控组，分别负责风险管理政策、制度、风险度量模型和标准的制定及具体管理实施，监督控制经济主体内部金融风险和评估各业务部门的风险管理业绩等；第三层，业务系统，与整个经济主体的金融风险管理状况直接相关，具体负责本业务部门的风险管理操作，它既与第二层级的风险管理部相独立，又与其建立有机联系，执行风险管理部制定的有关风险管理制度和策略，并给予支持和协助，如及时向风险管理部汇报、反馈有关信息等。

此外，中国人民银行制定了《加强金融机构内部控制的指导原则》，这一指导原则为金融机构建立了循序渐进的三道监控防线以供参考。

第一道监控防线：岗位制约，即建立完善的岗位责任制度以及规范的岗位管理措施，通过实行双人、双职、双责制度，确保金融机构的业务操作是在职责分离、交叉核对、资产双重控制和双人签字等约束措施下进行的，以此保证不同岗位之间相互配合、督促和制约。

第二道监控防线：部门制约，即建立起相关部门和相关岗位之间互相监督制约的机制和工作程序来控制金融风险的发生，比如商业银行业务部门的数据处理程序受到科技部门的控制，信贷部门的贷款规模受到资金计划部门的约束等。

第三道监控防线：内部稽核，它往往由金融机构顶部的稽核部来执行，通过对机构内部各岗位、各部门和各项业务实施全面的监督，及时发现问题与潜藏的风险，向有关部门真实反映情况，并且还需要协助有关部门纠正错误、填补漏洞等，保证各项规章制度的正确执行和各项政策的实施，从操作等层面上避免不当行为，消灭风险隐患。

2.外部管理组织体系

经济主体中只有内部的金融风险管理组织体系是不全面的，有效率的风险管理少不了强有效的外部监督组织，包括行业自律组织和政府监管机构。

行业自律组织是由一定数量的同行业经济主体以自愿原则组成的行会性质的自我管理组织，其目的在于维护本行业的业务运作秩序和营造有效的竞争环境，起到防范行业内风险的作用。首先，确立行业内部的规章制度、公约、章程和准则等都是行业自律组织内部用来规范经济主体行为、防范风险的形式。例如，同行业竞争规则、业务运作规范、从业人员资格和职业道德规范等。其次，传播和推广行业内先进的风险管理方法和工具，并与行业内经济主体建立委托代理关系，负责培养一定的行业专才。再次，行业自律组织代表会员与政府监管部门沟通，一方面可以执行一些不宜由政府部门实施的管理职能，另一方面可以根据本行业的实际情况向监管部门报告出现的问题，并适时地提出合理建议。最后，行业自律组织还可以对遭受金融风险损失的会员给予一定的救助或作出相应的处理。行业自律组织的形式是多样的，其内部可以设置若干职能部门，或者设立专门的子协会。

政府监管机构可由中央银行或特定的银行、证券、保险等监管机构担当。通常，它们担负着防范和解决宏观金融风险的重大责任，人们将其称为金融监管。有效的金融监管对国家金融风险管理能够起到反馈与警示的作用，甚至能够减缓国际金融危机对本国经济的冲击，起到事前预防、事后救护的作用。尤其是当一国经济发展迅猛，享受着经济增长的丰厚利益之时，长期隐伏的金融危机将日益逼近。这是由于在一个追求经济、金融高速发展的背景下，国家的金融监管机制往往疏于对政府金融管理失误的监督，却不遗余力地去执行政府对各金融部门的管理政策。一国金融监管体系基本上符合以下基本原则：监管部门职责明确、合理分工，并保持较高的独立性，但同时与其他有关部门相协调，尽量精简组织框架体系以降低成本、提高监管效率，与他国积极开展国际金融监管合作等。同样能起到监管与警示作用的各国政府金融监管的具体组织体系各具特色，这是由于各国历史、国家制度、政府组织体系、文化传统、风俗习惯、金融结构和金融市场成熟程度的差异，甚至地理环境的不同等种种因素造成的。

第三章 公共管理视角下常见金融风险防范

第一节 利率风险防范

一、固定收益证券及其风险

（一）固定收益证券简介

固定收益证券主要指能够提供固定现金流或可预期现金流（明确知道现金流量的算法及时间）的一类金融产品。固定收益证券持有人将按规定数额取得收益，因此固定收益证券也被称为债务证券。目前，固定收益证券市场已经发展为全球化市场，但绝大多数固定收益证券发源于传统发达国家，如美国、日本及欧洲国家。

不同的产品结构和属性决定了不同固定收益产品的风险和收益。美国市场的固定收益产品大致可以分为抵押贷款、公司债券和外国债券、联邦政府债券、机构和政府资助企业支持债券、市政债券和其他品种。我国市场上目前的固定收益产品可以分为四类：信用风险可以忽略的债券，包括国债、中央银行票据、金融债和有担保企业债；无担保企业债，包括短期融资券和普通无担保企业债；混合融资债，包括可转换债券和分离型可转换债券；其他结构化产品，包括信贷证券化、专项资产管理计划和不良贷款证券化。

无论是中国市场还是美国市场,债券都是固定收益证券最重要的组成部分之一。债券可以理解为债务证券,是政府、金融机构、工商企业等直接向社会借债筹措资金时,向投资者发行,并约定将来还本付息的债务凭证。这些约定写在纸上就是一种债券凭证,而再将其标准化,也就得到了债券这种产品。债券一般在货币市场交易(不同于股票的资本市场),在我国则主要通过银行间的交易市场交易。近年来,在交易所交易的公司债的规模也在逐渐增加。

(二)固定收益证券的特征

1.本金与票面利息

对于债券而言,本金一般是票面价格,而利息则为票面利息。一般来讲,有票面利息的债券叫付息债券,没有票面利息的叫零息债券,一般只在到期时偿付票面本金。债券的本金/票面价值一般不等同于市场价值。债券的市场价值(交易价格)的计算另有一系列模型。

2.期限

期限是指借款人承诺履行债务条款的时间(通常是年数)。在债券到期时,借款人通过偿付面值金额赎回债券,终止债务。根据债券的期限,可以将债券划分为短期债券、中期债券、长期债券。短期债券的期限一般在 1 年以内,对应短期筹集资金的需求;中长期债券期限为 1 年以上;长期债券期限则长达 20~30 年甚至更长。例如,美国田纳西河流域开发管理局发行的债券,利率为 8.25%,到期时间是 2042 年。另外,还有永久公债,这类债券没有到期日,而是按照一定周期永续支付票面利息。英国的统一公债、法国的年金公债、德国的国债等都是永久公债。

3.发行主体

债券的发行主体可以是国家、地方政府、公司、企业等。由于发行者的资信水平、偿付能力、违约可能性不同,不同主体发行的债券会有不同的信用风险。当然,主权国家的信用通常被认为是最高的,所以国债的信用风险最低,而公司债券往往信用风险较高。

债券发行主体的信用违约风险通常会与债券发行的利率挂钩。以公司债为例，公司由于融资需求而发债券借款，其信用风险高于国债。假设国债利率为3%，资信情况好、信用评级为AAA级的大型企业发行的债券利率为4%～6%，而AA级以下评级的企业则需要将利率提高到7%。高出国债利率的部分，可以看作投资者因为承担了债券违约导致损失的风险而向发行者要求的风险补偿，也称为风险溢价。信用评级越低的发行主体，往往被认为信用风险越高，需要额外提供更高的风险补偿。

4.其他条款

债券发行者可以规定其他条款，使自己的融资需求易于满足并吸引投资者。这些条款会影响债券的期限和价格，导致债券的性质发生改变。常见的债券如下：

（1）可转债。此类债券的投资者享有选择权，可以按照约定的价格将债券转换为公司股票，变成公司的股东，参与企业的经营决策和红利分配。

（2）可赎回债券。发行者享有在特定时刻按照约定好的价格强行将债券赎回的权利。此类债券可以看成债券＋认购期权。

（3）可回售债券。这是投资者有权利以事先规定的价格将债券提前回售给发行人的债券，类比可赎回债券，可以理解为债券＋看跌期权。

（4）浮动利率债券。这种债券的票面利率与市场利率挂钩，通常在某市场基准现时利率的基础上加一定利差。浮息债券比固定利息债券更加灵活。

（三）固定收益证券的风险

1.信用风险

信用风险普遍存在于大部分债券产品中，仅有政府债券极少违约，一般认为政府债券无信用风险。

由于大部分债券有违约的可能，信用风险使它们只能以比国债低的价格或更高的收益率出售，这可以看作给投资者承担风险提供的补偿。信用风险的产生与发行公司实际违约事件并没有必然联系，只要衡量信用风险的因素发生任何微小变化或市场风险溢价发生变化，信用风险就会改变，从而影响投资成本与债券价格。这使得信用风险的衡量变得复杂，投资者往往借助专业评级公司打出的信用评级来考量债券的信用风险与估值。

信用风险通过专业评级公司，如穆迪投资者服务公司、标准普尔公司和惠誉评级公司对证券质量的评级来衡量，这些评级公司享誉海内外，拥有很高的国际声誉。我国的信用评级体系也在逐渐完善。

一般来说，可以根据信用风险评级将债券粗略分为两大类：一类是投资级债券，指评级在 BBB 级及以上的债券；另一类是投机级债券，指具有高收益率，但也有很高的信用风险的债券，也叫作垃圾债券。

具有信用风险是固定收益产品一个重要的特征。投资者对高信用风险的产品往往要求更高的风险补偿，而信用很差的垃圾债券往往提供很高的收益率。并不是只有投资级的债券才值得投资，高收益率支撑了垃圾债券交易的繁荣。

2.利率风险

利率风险可以理解为利率变动使固定收益证券价格变动的风险。为了控制利率风险，有必要对其进行量化分析。衡量利率风险最普遍使用的标准是久期。久期是收益率变化 100 个基点时，债券或债券组合价格变化的近似百分比。

3.其他风险

不同学者和研究机构对其他各类风险的界定有所不同，大致包括提前赎回风险（发行人购回债券使投资者遭受损失）、收益率曲线风险（某个特定到期日的债券被用来替换另一个到期日的债券，收益率变动与原始条件偏离）、通货膨胀风险（通货膨胀下现金流购买力降低的风险）、流动性风险（因流动性紧张，必须以低价出售债券从而遭受损失）、汇率风险等。

二、利率、收益率与债券估值

(一) 通过现值计算债券估值

对于事先确定现金流,即固定息票率的债券而言,可以通过将未来可预期的现金流进行折现或贴现得到现值来进行估值。

假设现有一只面值为 100 元的 10 年期零息债,不考虑这只债券的信用风险等,只存在市场风险。对于 10 年后收到的 100 元终值(Future Value, FV),需要折现计算现值(Present Value, PV)。假设折现率为 6%,则债券的现值为

$$PV = \frac{100}{(1+0.06)^{10}} = 55.84(元)$$

现值可以理解为:所有未来现金流折算到现在这个时间点上约合多少。如果投资者当前持有 55.84 元现金,并且能够按 6%的年利率连续进行再投资,则 10 年后投资者将拥有 100 元,与这只零息债生成的未来现金流一致。如果按照市场利率再投资,得到的收益与债券现金流不一致,就会发生套利行为,投资者可以卖空被高估的一方,买进被低估的一方来获利,这种偏差会被市场快速弥补,使债券估值趋于折现得到的现值。通过计算现值,债券的未来现金流折算到当期,这是债券定价的一个基本模型。

对于零息债,在未来 T 时刻收到一笔现金流 C_T,债券按照年利率 r 来折现,则债券的现值为

$$PV = \frac{C_T}{(1+r)^T} \qquad (3\text{-}1)$$

式(3-1)中的 r 也被称为折现因子或折现率。在这里可以将投资者预期的收益率或市场利率当作折现因子。

以上是零息债的情况。对于支付多次利息的债券,同样可以将每笔未来的现金流折算为当前的现值。设计息期长为 T,在每个计息期收到的票息为 C,

期满收回本金 P，每一期的折现因子为 r，则债券的现值为

$$PV = \sum_{t=1}^{T} \frac{C}{(1+r)^T} + \frac{P}{(1+r_T)^T} \qquad (3\text{-}2)$$

可以将每一期的折现率都统一，来简化现值的计算。假设一个统一的折现率为 y，则式（3-2）也可以表示为

$$PV = \sum_{t=1}^{T} \frac{C}{(1+y)^t} + \frac{P}{(1+y)^T} \qquad (3\text{-}3)$$

式（3-2）和式（3-3）都可以为债券定价，区别在于式（3-2）用即期利率进行定价，每一期的利率都不相同，而式（3-3）里每一期的折现率都相同。这个统一的折现率被称为到期收益率。

在现值计算公式里我们可以发现，如果债券每期的息票率 c（$c=C/P$）等于每期的折现率 y，那么债券的现值就等于它的面值 P，这就是平价债券。假设一只 10 年期债券面值为 100 元，息票率为 5%，用于折现的折现因子也是 5%，那么它的现值就等于面值 100 元。

$$\begin{aligned} PV &= \sum_{t=1}^{10} \frac{5}{(1+0.05)^t} + \frac{100}{(1+0.05)^{10}} \\ &= \frac{5 \times \sum_{t=0}^{9}(1+0.05)^t + 100}{(1+0.05)^{10}} \\ &= 100(\text{元}) \end{aligned}$$

如果息票率大于折现率，那么债券的估值就高于票面，这被称为溢价发行，这时的债券称为溢价债券；反之，如果息票率小于折现率，就是折价发行，相应的债券称为折价债券。

（二）收益率与期限结构

由式（3-2）我们可以得到到期收益率（Yield to Maturity, YTM）的概念。

到期收益率是使债券支付（利息与本金）的现值等于其市场价格的贴现率，也就是式中的 y。它衡量的是，给定当前价格时，债券在其存续期内的年平均收益率。

YTM 和价格提供相同的信息，也就是说，我们如果知道 YTM，就可以计算市场价格，反之我们如果知道市场价格，但不知道 YTM，那我们可以从之前的公式逆推出来（利用财务计算器或者 Excel 函数）。对于折现率随时间变化的情况，到期收益率可以看作债券的平均收益率，也就是满足式（3-4）中的 y 值：

$$\sum_{t=1}^{T}\frac{C}{(1+r_t)^t}+\frac{P}{(1+r_T)^T}=\sum_{t=1}^{T}\frac{C}{(1+y)^t}+\frac{P}{(1+y)^T} \quad (3\text{-}4)$$

例如，对于一支 3 年期债券，面值为 100 元，每年付利息为 4 元。在未来 3 年里每年的利率分别为 3%、3.75%、4.25%，则可以计算得出债券价格为 99.39 元，到期收益率为 $y=4.22\%$。

到期收益率是使未来现金流等于债券价格的单一利率，只有当每一个到期日的利率都等于 r 时，到期收益率才等于利率 r，而实际上这些未来时点的利率并不能预知，且总是变动的，这些未来时点的利率被称为远期利率，是风险管理者与投资者衡量利率风险的参照。

远期利率的计算需要借助利率期限结构，它描述的是即期利率在整个期限内的变化，通常表示成利率—期限的图线。当前的利率称为即期利率，在公式中用于某一时间点现金流的贴现，对于零息债券而言，YTM 就是在获得现金流那一时间点的即期利率。

将 YTM 在所有期限范围内的变化表示在一张图上，就形成了收益率曲线。图 3-1 展示了三种状态的收益率曲线。

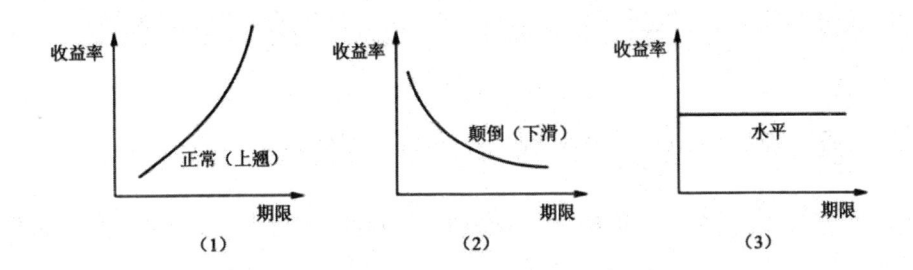

图 3-1 三种状态的收益率曲线

正常情况下收益率曲线应该是上翘的，因为期限越长收益率会越高，以反映投资风险随期限拉长而升高的情形。就这种收益率曲线而言，若长期收益率的升幅大于短期收益率，收益率曲线会变陡。颠倒的收益率曲线则是从左向右下滑，反映短期收益率高于长期收益率的异常情况。这可能是因为投资者预期通货膨胀率长期看要下降，或是债券的供给将大幅减少，这两种预期都会压低收益率。通常，债券市场的定价以国债收益率为基准，国债在市场上自由交易时，不同期限对应不同收益率行程的收益率曲线，即债券市场的基准利率曲线，它通常是其他债券和各种金融资产定价的重要参考。

在收益率曲线上可以得到远期利率的值，记 r_t 和 r_{t-1}，分别是曲线上第 t 和第 $t-1$ 时刻的利率水平，$f_{0,t-1,t}$ 表示在 0 时刻所要求的 t 至 $t-1$ 的利率，则 $f_{0,t-1,t}$ 就是远期利率，公式如下：

$$f_{0,t-1,t} = \frac{(1+r_t)^t}{(1+r_{t-1})^{t-1}} - 1 \tag{3-5}$$

通过远期利率计算公式，可以估计债券未来的利率水平。例如，可以通过 1 年期和 2 年期的政府债券到期收益率，来估计 1 年后的 1 年期政府债券远期利率。如果 1 年期和 2 年期政府债券的到期收益率分别为 2% 和 2.5%，根据以上公式，第 1 年年末到第 2 年年末的预期未来利率为

$$f_{0,1,2} = \frac{(1+0.025)^2}{1+0.02} - 1 = 0.03$$

远期利率公式可以通过多种方法证明。考虑以下两种投资策略（如图 3-2 所示）：

策略 1：投资 1 元，从 0 到 t 时刻，最终收到 $(1+r_t)^t$。

策略 2：投资 1 元，从 0 到 $t-1$ 时刻，收到 $(1+r_{t-1})^{t-1}$，再加上一个 $t-1$ 到 t 的远期合约。

策略1	投资1元		收入 $(1+r_t)^t$
策略2	投资1元	收入 $(1+r_{t-1})^{t-1}$	
	远期合约	$-(1-r_{t-1})^{t-1}$	收入 $(1-r_{t-1})^{t-1}(1+f_{0,t-1,t})$

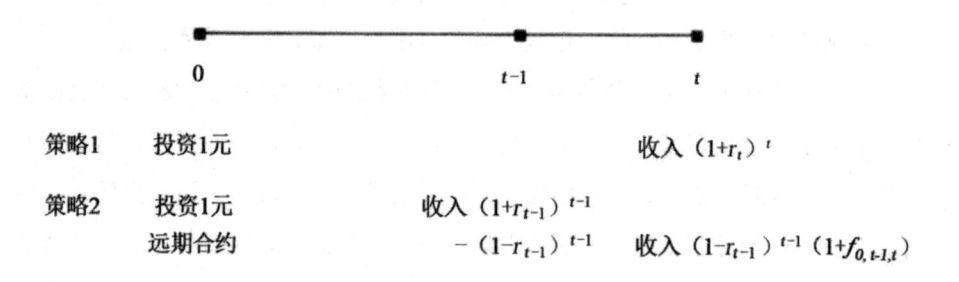

图 3-2 远期利率定价示例

如果远期合约的利率不等于 $\dfrac{(1+r_t)^t}{(1+r_{t-1})^{t-1}}-1$，则两种投资策略的回报不相等，投资者便可以在当期套利（投资均为 1 元而未来回报不相等）；反之，将收到的 $(1+r_{t-1})^{t-1}$ 以合约锁定的利率再投资，便得到 $(1+r_t)^t$。

（三）复利下的债券估值

以上涉及期收益率和现值的计算都是每年计一次利息。注意到估值公式的分母都具有 $(1+r)^n$ 的形式，但在实际应用中每年可以存在多次计息，如美国的半年复利惯例。这就涉及复利下的债券估值，需要将折现式的分母变为 $(1+r/m)^{nm}$。其中，m 表示每年复利的次数。

例如，假设有一笔 100 万元的投资，年回报率为 2.5%，投资一年，在不复利时期末收回本息为 102.5 万元，此时获取的是单利；若半年复利一次，则收回本息为 $100 \times \left(1+\dfrac{0.025}{2}\right)^2 = 102.516$（万元）。相当于每半年获取 1.25%的利息收入，连本带息再投资半年，两期合计收到的本息。

当复利次数趋于无穷时，就得到连续复利，相当于本金连续不断再投资，形成指数增长。数学上有：$\lim\limits_{m \to \infty}(1+\dfrac{r}{m})^{nm} = e^{rn}$。

当用连续复利为债券进行估值时，将 r 替换为 y，将每一期现金流 C_t 按照 e^{-yt} 来折现，可以得到债券价格：

$$P = \sum_{t=1}^{T} C_t e^{-yt} \qquad (3\text{-}6)$$

三、久期、凸性与利率风险对冲

前面我们知道了如何根据利率水平或到期收益率计算债券未来现金流的现值，从而为债券估值，但是这个估值公式无法直观得出利率变动会如何影响债券价格，为此我们需要一个衡量利率风险的指标。

（一）久期的含义与计算

通常对于零息债券而言，期限越长，则其对利率越敏感。这很容易理解，因为期限越长，现金流折现就越多，利率变动导致现值损失就越明显。因此，可以用债券的期限来衡量其价格的敏感性。其实在早期，华尔街上就有一些金融从业者使用期限来衡量零息债券对利率变化的敏感程度，而期限这个概念在利率风险管理中被广泛采用。

对于零息债而言，很容易得知它的期限，然而对于多期支付票息的债券，由于现金流分为多笔，这时期限的计算就不那么容易了。通常采用久期来度量债券价格对利率的敏感性。因为多期附息债券在每个时间点都有现金流发生，其利率变化对每一期的现金流折现都有影响。因此，从业者构造出一种加权平均期限，又叫麦考利久期，由弗雷德里克·罗伯逊·麦考利（Frederick Robertson Macaulay）于 20 世纪 30 年代提出，在当时就已经被华尔街采用。麦考利久期是对每次现金流到期时间的加权平均，权重就是每一期的现金流折现除以本金。

假设付息时间间隔相等，公式可以写作：

$$D_{mac} = \sum_{t=1}^{n} \frac{1}{P} \frac{C_t}{(1+y)^t} t \tag{3-7}$$

如果应用前面的连续复利公式，我们可以得到久期计算式为

$$D = \sum_{i=1}^{n} t_i \left(\frac{C_i e^{-yt_i}}{P} \right) \tag{3-8}$$

计算麦考利久期的前提是连续复利，现在已经不太常用，如果将连续复利折现因子直接替换为有限复利的情况，麦考利久期就需要进行修正。如果 y 为一年复利一次的利率，需要将麦考利久期除以 $(1+y)$，如果是一年复利 m 次，则需除以 $(1+y/m)$，进行调整之后就得到了修正久期，这是相较于麦考利久期更为精确的度量。

$$D_{mod} = \frac{D_{mac}}{1+y} \tag{3-9}$$

根据修正久期，如果给出债券到期收益率的一个微小变化，我们就能找到债券价格的近似变化值。当 YTM 变化 1%时，债券价格变化百分比为

$$dP = -PD_{mod}dy \tag{3-10}$$

了解久期的含义后，可以计算常见债券产品的久期，得到其价格对利率的敏感性。零息债券的久期就等于其期限。设期限为 T，则有

$$D_{\text{mac}} = \frac{TC_t}{P(1+y)^T} = \frac{TC_t}{C_t} = T \quad (3\text{-}11)$$

对于永续债券而言，虽然没有到期时间，不能通过麦考利久期来进行计算。但是通过一些简单微积分的计算，可以得到

$$D_{\text{mod}} = \frac{1}{y} \quad (3\text{-}12)$$

如果是增长率为 g 的永续年金，通过计算可以得到久期为

$$D_{\text{mod}} = \frac{1}{y-g} \quad (3\text{-}13)$$

（二）利用久期管理利率风险

得到资产的久期后，就可以用它对冲利率风险，这就是久期对冲，操作目标是使现有资产的总久期 $D=0$。也就是说，我们想构造一个投资组合，而且完全规避掉该组合的利率风险。以下我们以两只债券为例。

考虑两只债券，当前价值分别为 P_1、P_2，久期分别为 D_1、D_2，两者的投资份额（权重）分别为 x_1、x_2。只考虑利率风险，当利率变动 Δy 时，两只债券的总价值变动可以拆解为两者分别变动的和：

$$\Delta P = \Delta y \left(D_1 P_1 + D_2 P_2 \right) \quad (3\text{-}14)$$

使用久期对冲，目的是使 $\Delta P = 0$，这要求

$$D_1 P_1 + D_2 P_2 = 0$$

那么两只债券的配比为

$$\frac{x_1}{x_2} = -\frac{D_2 P_2}{D_1 P_1} \qquad (3\text{-}15)$$

将两只债券按照这个权重比配置，则利率在起始点附近微小变动引起的两者价格变动相互抵消，达到久期对冲的效果。

这是两种资产的久期对冲情况。假设有 n 种资产的投资组合，其中第 $i(i=1, 2, …, n)$ 种资产的价格为 P_i，投资份额为 x_i，久期为 D_i，则整个资产组合也具有相应的久期，对于利率的单位变动，每个资产的价值改变都会带来整个组合价值变化：

$$\Delta P = \sum_{i=1}^{n} \Delta P_i = \sum_{i=1}^{n} x_i P_i D_i \Delta y = \Delta y \sum_{i=1}^{n} x_i P_i D_i \qquad (3\text{-}16)$$

设资产组合总价值为 $P = \sum_{i=1}^{n} x_i P_i$，则资产组合的久期为

$$D = \sum_{i=1}^{n} \frac{x_i P_i D_i}{P} \qquad (3\text{-}17)$$

据此，可以提出对整个资产组合的久期对冲策略，目标仍然是使总久期 $D=0$。

以上久期对冲策略构成了资产负债管理的基础。资产负债管理需要确保持有合适的资产，使资产的变动和其负债的变动相一致。为此，可以通过配置使资产的久期等于负债的久期，当利率变动时，资产与负债的价值变动相抵消，达到对冲的效果。

利用久期可以对冲利率风险。在利率变动较小时该策略往往有不错的效果，但当利率变动较大时，久期工具对资产价格估计的误差变大，影响对冲的效果。在久期之外，我们还需要一个指标来修正这个误差，由此引入了凸性。

（三）凸性

如图 3-3 所示，将债券价格和收益率画在一个坐标系里，收益率为横轴，债券价格为纵轴，则曲线上任意一点就描述了在该收益率水平下的债券价格。在这张图上，久期代表了其上任意一点切线的斜率，在收益率变化很小时，久期可以较好地近似反映债券价格的变动。

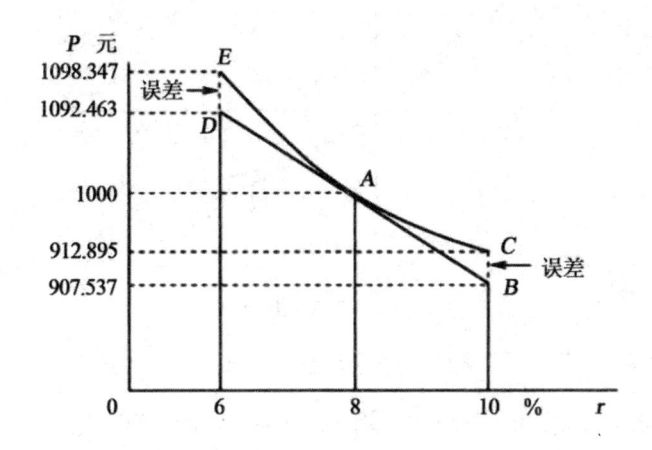

图 3-3 久期估计

久期反映了债券价格的利率敏感性，隐含了价格与收益率之间的线性变动关系。实际上，两者之间往往呈现非线性关系，使收益率-债券价格线呈现弯曲状态。

以面值 1 000 元、息票率和市场收益率均为 8%的 6 年期债券为例。从前面债券估值的计算中可知，此时债券的价格就是面值 1 000 元，处于 A 点所示的位置。当收益率从 8%上升至 10%时，实际的债券价格可能会降至 912.895元，久期线是曲线在 A 点处的切线，此切线与 10%收益率的直线交点对应的债券价格为 907.537 元，产生 5 元左右的计算误差。当利率变动很小时（A 点附近），使用久期计算价格和真实水平差距不大，但是当利率变动增大时，误差就逐渐明显。

此外，相同久期的两个产品，其价格对利率变动的反应也未必一致，如图3-4所示：

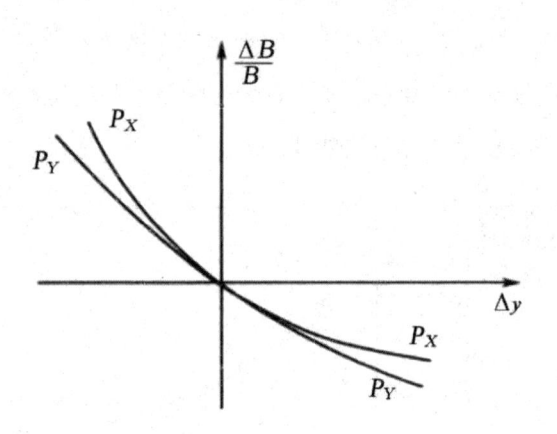

图 3-4　不同久期对比

图 3-4 描述的是 X、Y 两种产品的价格 P_X、P_Y 随收益率变动的情况。在原点附近，两者斜率相等，表明久期相等。但是当 Δy 的绝对值增大时，两者呈现不同的变动情况。在纵轴右侧，Δy 相等时，$\Delta P_X < \Delta P_Y$；在纵轴左侧，Δy 相等时，$\Delta P_X > \Delta P_Y$。明显可以看出，相较于 Y 产品，在收益率增大时，X 产品在对抗利率风险上表现好，而在收益率减小时，X 产品在对抗利率风险上表现较差。但是仅仅依靠久期并不能将两者加以比较。

为了更准确地度量上述两图中的情况，我们引入凸性的概念。我们将凸性定义为

$$CX = \frac{\left[\sum_{t=1}^{n}\frac{t(t+1)C_t}{(1+y)^{t+2}}\right]}{P} \tag{3-18}$$

有了凸性之后，我们可以将估计债券价格变化的式子变成

$$\frac{\Delta P}{P} \approx -D\frac{\Delta y}{1+y} + \frac{1}{2}CX(\Delta y)^2 \qquad (3\text{-}19)$$

假设某只债券的久期 D=1.91 年，凸性 CX=4.44，收益率为 6%，初始价格和面值为 100 元。若不考虑凸性效应，仅用久期估计债券价格变动，则计算得到

$$\Delta P = -\frac{1.91}{1+0.06} \times 100 \times 1\% = -1.80(\text{元})$$

$$P_{用D估算} = 100 - 1.80 = 98.20(\text{元})$$

如果考虑凸性效应，则有 $\Delta P = -1.78$（元），P 估算 $=100-1.78=98.22$（元）。可见，当考虑凸性时，所得到的估算结果比仅用久期略高。通常情形下，当到期收益率上升时，债券价格下降的幅度要小于仅用久期计算的结果，亦即实际价格大于久期预测结果，而在这里将凸性考虑进去，可以使价格变动的估计更为准确，更加接近真实情况。

凸性的意义还在于指出了债券价格变动对 Δy 是不对称的。较大的凸性意味着当利率出现同等幅度的上升与下降时，利率上升造成的损失要小于利率下跌带来的收益。对于金融机构管理人员而言，资产具有凸性有益无害，而且凸性越大，就能为利率风险提供越大的保障。当两个产品的久期相等时，往往选择凸性更大的一种，所以凸性也为选择投资资产提供了第二个参考维度。

第二节　汇率风险防范

一、防范汇率危机的重要性

不论是对发达国家还是对发展中国家，汇率危机均具有极不利的破坏性影响。

（一）汇率危机对发达国家的不利影响

对发达国家而言，汇率危机实际上既包括表现为该国货币汇率大幅上升的货币升值危机，也包括表现为该国货币汇率大幅下跌的货币贬值危机。

表现为货币过度升值的汇率危机对健康经济体而言，会使其贸易出口下降而进口上升，引起经常项目收支盈余减少或恶化；会驱使其国内资本外流，因为发达经济体拥有巨额的国民财富，当其货币升值后，在国外投资办厂就很便宜，这样便引发对外投资浪潮，使其国内产业投资不足甚至出现空心化。这两方面综合起来的叠加影响就是其国际收支恶化。

表现为货币过度贬值的汇率危机对健康经济体而言，会使其贸易进口下降而出口上升（假设满足马歇尔-勒纳条件），引起经常项目收支盈余增加或改善；会导致资本大幅流入（包括回流），因为外来资本和外流的资本发现在该国投资办厂很便宜，有利于其国内经济增长；流入的游资会使其证券市场欣欣向荣。这两方面综合起来的叠加影响就是其国内实质经济和虚拟经济两繁荣（实际上潜伏了大量的泡沫经济成分）。但这种过度贬值实际上是外汇倾销，会引起其他国家的反抗和报复，导致"汇率战"。而持续的货币过度贬值又会导致资本外逃，同时证券市场的游资大量撤离会诱发股市崩盘性股灾，泡沫经济崩溃。

（二）汇率危机对发展中国家的不利影响（包括对健康经济体和对不健康经济体）

对发展中国家而言，汇率危机实际上既包括表现为该国货币汇率大幅上升的货币升值危机，也包括表现为该国货币汇率大幅下跌的货币贬值危机，即其货币过度升值或过度贬值都是汇率危机，这种危机所不同于发达国家的只是其程度更深而已。

（三）稳定、合适的汇率对中国经济的作用

在亚洲金融危机中，亚洲地区大多数国家都采取了弃守的政策，未对本国货币的对外汇率进行过多的干预。尽管国际国内资本市场和货币市场都有要求人民币贬值的压力，但为了保持香港金融市场稳定，乃至防范亚洲地区的崩盘性货币危机，我国政府采取了人民币不贬值的政策，尽管要付出一定的代价，但采取汇率稳定的政策意义重大。稳定人民币汇率，是稳定国内经济的需要；稳定人民币汇率，有利于继续吸引外资；稳定人民币汇率，也是调整国内区域经济利益和经济增长的需要；稳定人民币汇率，有利于保持中国与各国正常的经济贸易关系；稳定人民币汇率，有利于增强广大公众对经济增长和物价稳定的信心，有助于保持人们对中国经济持续快速健康发展的信心；稳定人民币汇率，也是稳定港币与美元联系汇率制的需要。

二、汇率的决定及其变动影响因素

（一）汇率决定的理论与模型

关于汇率的决定有众多理论模型，目前有代表性的有这样几种理论模型：国际借贷学说、购买力平价模型、蒙代尔-弗莱明模型、金融资产论、货币分析

模型、汇率超调货币模型。

（二）汇率变动的影响因素

通过以上对汇率决定的理论模型的总体考察，发现汇率的决定受多种因素的作用。实际上，决定汇率的因素同时也为影响汇率变动的因素，这就是为什么要对汇率决定的理论模型进行考察的理由。汇率变动受多种因素影响，包括国内因素和国际因素。货币作为国家主权的一种象征，还常常受政治稳定性因素的影响。

实际上，汇率变动在外汇市场上表现为汇率波动。汇率波动受三个层次因素的作用：第一个层次是外汇市场上本币与主要外币的供求量因素，这种供求因素为直接因素；第二个层次是决定本币供求和外币供求的直接决定因素，该类因素为间接因素；第三个层次是决定间接因素的影响因素，该类因素为根源因素。考虑到供求因素对汇率变动的作用已无必要再分析，而根源因素将在具体涉及人民币汇率风险防范时再作分析。

三、人民币汇率风险的防范

所谓人民币汇率风险的防范是指人民币汇率在短期内大幅波动的风险的防范，既包括人民币汇率大幅下降的风险的防范，又包括人民币汇率大幅上升的风险的防范。由于后一种风险短期内不大可能出现，所以应致力于探讨前一种风险的防范。

人民币汇率风险的防范是一项巨大的系统工程，涉及时间维度和空间维度，而且要通过金融深化的过程来防范人民币汇率大幅波动的风险。就时间维度而言，涉及近期内和中长期内如何防范人民币汇率风险；就空间维度而言，涉及人民币资本项目下不可自由兑换和人民币国际化（资本项目下可自由兑换后）情况下如何防范人民币汇率风险。关键是时间维度和空间维度如何结合的问题。

从现阶段来看，人民币汇率风险防范措施主要有：

1. 以娴熟的宏观经济调控遏制住风险的显化

宏观经济调控的政策体系包括货币政策（如利率调整）、财政政策、外贸政策。宏观经济调控的目的是营造一个良好的宏观经济形势，通过运用货币政策和财政政策，调节总需求和总支出，可使中国国际收支得到调节。涉及具体政策搭配问题，罗伯特·蒙代尔（Robert A. Mundell）提出了著名的"蒙代尔分配原则"：分配财政政策以稳定国内经济，分配货币政策以稳定国际收支，倾向于扩大国内与国际利率差以驱使国际资本流动来平衡国际收支。这个原则对人民币汇率风险的防范具有一定的启发性。

应用货币政策时，货币政策的目标除了稳定物价，还包括增加就业，促进经济增长。笔者认为货币政策在制定的时候还要考虑对汇率的影响。根据货币学派的分析，货币量和利率水平决定汇率，即通胀率和利率水平对人民币的汇率变动有很大的影响。所以在近期内，中国的货币政策应以稳健为主，适度扩张，将通胀率控制在一个合适的水平区间。保持正利率可免遭遇流动性陷阱，利率过高有利于国际资本（尤其短期国际游资）的流入，迟滞资本外逃，但不利于经济增长——尽管有利于汇率的短期稳定，但长远看仍是不利的，因为没有经济增长的宏观基础。

积极的外贸政策可促进出口，有利于经常项目的顺差扩大，而且出口扩大可拉动经济增长，这又有利于人民币汇率的稳定，可谓良性循环。

2. 以经济增长带动对人民币贬值风险的化解：努力营造一个良好的宏观经济发展环境

防范人民币汇率风险最好的办法亦是使经济持续增长，在增长中逐渐将问题大化小、小化了。

历史发展过程证明，一个良好的宏观经济形势是保证国际资本源源流入的前提。鉴于此，努力将当前的经济周期阶段保持在上升过程或峰期，将宏观经济周期营造为长波周期，并将波幅缩小，可使中国对国际资本具有极大的吸引力，有利于引资内流并迟滞资本外流。

3. 以经济改革带动对风险的消肿：系统的金融体系再造

由于银行等金融系统的脆弱性和中国银行业的呆账风险因素的存在，中国迫在眉睫的是需要对金融体系进行再造。对金融体系进行再造需要注意以下几点：金融体系的再造必须是系统的；金融体系再造的主要途径是银行重组、再资本化，银企关系的重塑；再造的目的是使银行等金融企业机构具有赢利能力、防范风险能力和国际竞争能力。另外，银行要转变观念，银行就是银行，是追求商业利益的金融企业。

实际上，根除银行坏账最终还要靠企业经济效益的提高，利润的根源在于生产部门。企业不善于将银行贷款或在股市上筹集来的股本进行投资，不善于经营，则整个金融体系就失去了良好经济效益的微观基础，仍是沙滩上的大厦，早晚要崩溃。所以防范金融风险（不仅仅是防范人民币贬值风险），不能忽视对企业的改革和再造，这是防范金融风险的微观基础。

注重企业微观基础的再造，保证人民币汇率稳定，核心在于改革企业。企业再造的主要困难在于国企改革，国有企业不脱胎换骨、焕发生机，银行仍逃脱不了坏账的再累积（即使银行的历史坏账已剥离），这是一个恶性循环。企业再造千万不能忽视对小企业、民营企业的鼓励和扶持发展，这是新的经济增长点，且能解决一部分就业问题。

人民币汇率风险的防范离不开经济的增长、企业改革和金融市场的稳定。而和人民币汇率的稳定联系最直接的是金融体系，这包括银行风险的防范、证券市场风险的防范和抵御金融风险的防范体系。

第三节　流动性风险防范

一、资产流动性风险的管理

（一）资产流动性风险的评估

为了评估资产流动性风险，我们需从资产所在的交易市场的情况特征说起。买卖价差用于测度在正常的市场规模下双向交易中购买及销售一定数量产品的成本。

具有良好流动性的资产将具有狭窄的买卖价差。紧度是用来测量实际交易价格与交易时报价之间差异的指标。流动性还可以用另一个测量指标——深度来衡量，目的是了解在不显著影响价格的情况下可以进行交易的数量，这里一般指的是卖出价。深度与浅度是两个相对应的概念。

对于大宗交易，资产流动性可用一个价格与数量的函数来表达，即市场冲击，用以描述价格是如何被大宗交易影响的。在某些情况下，这也被称作内生流动性，表示价格下跌与卖出头寸的规模相关。与之相反，在正常市场规模下的头寸则由外生流动性来描述。

在一个流动性充沛的市场上，卖出很大数量的资产后，价格会在短期下跌后迅速归位，这就是回弹性。回弹性是用来测量交易完成后价格波动回调的速度的指标。

对于流动性资产，如国债，其市场冲击非常平坦，意味着即便出现大量的交易也基本不会影响价格。例如，一家金融机构可以以0.1%的买卖价差的一半作为交易成本来完成1 000万元国债的交易，这个交易总共才产生5 000元的交易成本，非常低廉。

相对应的，低流动性资产通常指代的是那些买卖价差大且交易可以迅速影响价格的资产。例如，银行贷款经常在场外交易市场进行交易，其价差可能达到 10%。一个 1 000 万元的沽出可能使价格下跌 5%，其交易成本将为 50 万元，比前一个例子高出很多。卖出更大的规模可能导致更大幅度的价格下跌，从而造成市场流动性枯竭，导致短期内只有卖出者，没有买入者，也就是"流动性黑洞"。低流动性资产的价格主要由当下的供给与需求决定，它们比流动性资产表现出更高的波动性。

流动性与时间序列高度相关。如果价格与数量的函数是陡峭的，即价格容易大起大落，一个巨大数额的沽出会大幅推动价格下降。相反，一个很有耐心的投资者，可以将这项沽出指令分摊在多个交易日中，使其对市场价格不产生很大的影响，故而能获得一个相对较好的卖出价格。

总而言之，对于流动性资产而言，其买卖价差会很小，市场深度较深，具有更大的正常市场规模，其市场冲击具有更小的斜率。

一般来说，那些具有更高交易量的资产具有更好的流动性。交易数量显示出不同投资者看法的差异，同时也显示出市场中具有活跃的投机者。尤其是那些在众多市场中进行交易的对冲基金，其存在实则增加了市场的流动性。

那些易于定价的资产也更容易获取流动性。一个极端的情况就是具有固定利率的国债，这是一种简单的投资工具并且易于估值。另一个关于流动性的极端的情况就是那些具有复杂的付息方式的结构化票据，其对于参与者而言一方面难以估值，另一方面难以对冲风险。因此，这种结构化票据的买卖价差必然要比国债更大。

流动性根据资产等级的不同而变化，随证券不同而有所区别。那些发行量很大或是于近期发行的证券通常具有较好的流动性。新券是指那些刚刚发行不久的证券，因此交投更加活跃，具有更好的流动性。其他证券则被称为旧券。例如，最新发行的 30 年国债便被认为是新券，除非有其他更新的 30 年国债在其后发行，届时该新券也被认为是旧券的一种。这两种证券均具有同样的信用风险（因为这意味着发行该国债的政府的违约，几乎可认为是 0）及市场风险

（因为两者的期限均接近 30 年）。因为它们非常相似，故而其收益率价差一定来自流动性溢价。

资产的流动性成本也依赖资产的可转换性。那些在核心交易所交易的合约，如期货或普通股，可以很容易地被再次出卖给出价更高的购买者，因此具有可转换性。与之相对，那些通过私下协商的衍生产品需要初始交易对手的协议来使其退出交易。在这种情况下，该交易对手也许会要求有一个折扣来清理该头寸。

总而言之，资产流动性风险依赖以下因素：①市场条件（买卖价差及市场冲击）；②变现期限；③资产和证券类型；④资产的可转换性。

流动性匮乏也可以是在整个市场范围内的，且随着时间推移而变化，此时则具有系统性风险的特质。市场流动性可能发生大规模改变，根据以往的流动性危机来看，体现出一些共性的特点，如 1994 年的债券市场崩溃、1998 年的俄罗斯金融危机和长期资本管理公司危机，以及开始于 2007 年的次贷危机。这些危机中均出现了资金"择优而栖"现象，在危机发生时，资金会体现出追逐高等级"安全"的证券，如政府债券，而逃离低等级"危险"证券的特点。在极端的价格下，低等级的市场会变得越发失去流动性，这会体现在公司及政府发行的债券的收益价差的不断增加上。

（二）流动性调整 VaR

相对于传统的市场风险，那些传统的计量方法并不太适用于资产流动性风险。通过增加期限，或通过谨慎选择后增加的波动率，非流动性可以粗略地与 VaR 测量方法相联结。尽管如此，这些调整通常是较为特别的。

在实证中，如何来估测价差的分布对风险管理者来说依然是一大挑战。价差通常会在很长时间内表现得非常平缓，但在危机发生时产生剧烈波动。因此，这种价差的分布形状是显著的非正态分布。在董事会层面来评估风险时，风险管理者还需要估测不同头寸价差之间的相关性。另外，这种分析的假设前提是交易处在正常的市场规模下，因此要考虑短期内巨额、大量资产的卖出可能引发的市场冲击对价差的影响。

（三）非流动性及风险测量

资产缺乏流动性会给风险测量带来一些问题。即便在欠缺流动性的市场，当交易量较少时，价格没有出现剧烈的变动并不能证明流动性充裕。基于此，报告期结束时的价格往往并不能体现市场出清时的交易状况。这就有可能低估其潜在波动率基于其他等级的资产之间的相关性，造成偏见。

另外，那些可能缓慢影响资产价格的新闻，会因为拓展了 VaR 的估测时长，而使其时间的平方根法则失效，会产生正的自相关收益。

二、融资流动性风险管理

（一）融资流动性风险的预警指标

在 2007 年开始的次贷危机中，流动性风险已经成为一个重要的风险因素。因次级贷款产生的损失不断曝光，商业银行与投资银行的损失头寸不断累积，导致银行收紧了流动性敞口，因恐惧交易对手的违约而不愿为市场提供资金。

例如，货币市场的情况可以通过比较 3 个月期的国债利率、3 个月期的伦敦同业拆借利率（London Interbank Offered Rate, LIBOR）以及联邦基金隔夜拆借利率进行度量。为了进行比较，所有的利率都以同一种货币进行计价，如美元。按照实务界的做法，将美国国债视为没有信用风险的资产，而 LIBOR 和联邦基金利率则都包含着对信用风险的定价。

LIBOR 和联邦基金利率之间的差额是一种期限价差。它可以视为基于贷款的看涨期权的价格。一家进行隔夜拆借的银行可以在坏消息开始对市场造成冲击时，选择不进行重新贷款来规避风险。相反地，一家承诺进行 3 个月期贷款的银行就没有这样的选择权。通常情况下,期权的价值会随着时间不确定性的增加而增加,这也解释了为什么期限价差会突然增加。

欧洲美元的 LIBOR 和国债利率之间的信用价差称为 TED 价差。它反映了期望信用损失,也就是流动性风险溢价。

在 2007—2008 年,这些利率的特征反映了信用风险和流动性风险对市场的不同作用。联邦基金利率自次贷危机发生后急剧下降,这反映了美联储极度宽松的货币政策,国债利率也相应下降。然而,LIBOR 却依然维持在高位,这反映了信用市场上的紧缩情况,必须用更高的利率水平才能获取到所需要的流动性。一般来说,TED 价差通常在 25 个基点左右,但在 2008 年 9 月 15 日雷曼兄弟倒闭之后该价差急剧扩大到 500 个基点。这就使得那些本来就属于较低信用评级的市场参与者在融资时不得不面对更高的利率,使得本来就糟糕的情况更加雪上加霜。

(二)融资流动性风险的缓释

融资流动性风险产生于企业,尤其是金融机构表内或表外的负债项目。在管理流动性方面,负债的划分与财务上的分类略有不同,分为稳定的负债和波动的负债。这种划分主要是根据现金流的可预测程度进行的。

对于一家上市公司来说,其股权部分是最为稳定的,也是最可倚赖的。金融机构可以通过分红、股权回购以及新股发行来管理其股权的流动性。

债务则可分为有担保的债务和无担保的债务。投资者在有资产进行担保的情况下会更乐意提供资金;相反,那些没有担保的债务投资就有可能面临债务发行人的违约风险,对投资者的吸引力下降。

在无担保类债务中,零售存款比资本市场工具更加稳定。例如,在发生危机的情况下,投资于货币市场工具的投资者会要求更高的风险补偿,即提高利率,或者要求缩短投资期限,甚至拒绝继续提供融资。

在表外的负债项目中,银行提供的贷款承诺、信用票据以及金融担保在价值下降时会产生流动性风险。随着头寸变为虚值状态，或者触发了合约包含的类似信用评级下降的信用事件时，衍生产品也可能在交易对手要求追加抵押物时产生现金流危机。特殊目的主体也可能产生或有的流动性风险敞口。一些结构，如银行发起成立的分支机构，当 SPV（特殊目的机构）无法滚动其债务时，银行就会主动将其收回，这样也会产生流动性风险。其他结构，例如结构化投资工具，可能不会被主动收回，但是银行考虑到商业或声誉原因，也会选择对其提供流动性支持，对现金流形成压力。

继而，我们需要考虑资产负债表中的资产部分。融资缺口可能在流动性不足的资产出售时产生。此时，现金或流动性资产可以立刻提供缓冲。若仍然不足，可以通过折价出售无担保的证券来进行抵补，而这种折价的大小可以反映出彼时资产的流动性风险。或者，这些遭遇流动性危机的机构也可以在允许的情况下，通过与私下的交易对手或中央银行签订抵押回购协议并以现金形式进行出售。

另外，现金也可以来自处于实值的衍生产品。非银行类金融机构可以考虑建立银行信贷业务，这样可以在需要流动资金时变现资产。

最后，表内和表外的信息应当将现金流整合在一起。特别地，银行系统已经扩展了证券化业务以减少表内的资产。

三、以银行为主的金融机构流动性风险管理

流动性风险管理与银行业的审慎性管理是高度相关的。2007 年后，由美国次贷危机引发的金融海啸席卷了全球大多数国家，使西方金融体系陷入危机，许多拥有百年历史的银行顷刻倒闭，流动性危机对金融系统的冲击敞口无遗。

银行从创立之初发展至今，最为惧怕的仍然是挤兑这一行为。假设存款人感到银行未来的贷款损失将超过资产负债表中的现有资本，即便其并没有充足

的证据能够说明银行确实已经资不抵债,仅仅是对银行倒闭前景的恐惧就可能导致存款人恐慌和全面挤兑。而为了防止这种流动性危机,世界上很多国家已经实施了政府支持的存款保险体制。但是政府实施的存款保险制度要求监管机构对银行承担的风险进行监测,因为保险机构和公众纳税人将承担银行的损失。随着政府对银行监管和干预的增加,银行的竞争性可能有所下降。但与此同时,不受银行监管机构规定的约束,但又可以与银行竞争的非银行类金融机构理论上就可以用更为优惠的价格提供服务,从而对银行业务造成一定影响。所以,从安全性和稳健性的角度讲,监管和竞争力之间存在着一种此消彼长的关系。

流动性风险管理需要坚实有力的内部治理,应使用全面的工具去识别、测量、监督和管理流动性风险。董事会对机构的流动性策略最终负责。

尽管没有对流动性进行单一度量的指标工具,但是可以用一定范围的测量方法来评估资产流动性风险。流动性风险管理从运营流动性开始,将每日的支付序列展示出来,并预测所有可能发生的现金流流入和流出,尽管这在实务中是较为困难的事情。近年来,因为支付及结算系统设计上的改进,例如实时总结算系统和用于净外汇支付的持续联系结算银行都为支付压缩了时间。这样的系统一方面确实有助于降低信用风险和操作风险,但另一方面也给流动性风险管理带来了更多的障碍。

下一个步骤是进行策略管理,它指的是评估非担保性融资来源以及投资性资产的流动性特征,这涉及对资产流动性风险的评估。

最后,这个策略需要和战略方面结合起来,从当前的资产和负债以及表外项目开始。这个策略用来建立融资矩阵,以展示不同期限的融资需求细节。任何融资缺口均应当由发起附加融资计划所覆盖,这可以通过借贷或出售资产来实现。

1.建立流动性风险管理配套机制

从政策角度看,以银行为主的金融机构应建立一种流动性计划或战略来平衡风险和收益。若是保持了过多的资产流动性，尽管确实提高了银行的安全性，但也减少了银行的利润。因为流动性资产比其他资产期限短、风险低，这两个特点都会造成资产的收益率低于投资证券和贷款的收益率。另外，通过将资金转向长期和高收益的资产，主动的负债管理可以提高利润，但这种战略会使银行面临预期外的风险，这种风险可能导致利率敏感性存款和非存款资金的突然提取，从而可能产生实际威胁到银行支付能力的流动性危机。故而，每一家银行都必须根据流动性风险和相关的利润来确定恰当的资产和负债管理策略。

流动性风险管理的配套机制至少包括四个方面：专业团队、高效系统、敏感指标、授权考核。

2.压力测试

风险管理的目标是应对非预期损失。因此，金融机构应注意评估那些现金流从其期望的路径及来源被突然切断的压力情景。金融机构应当考虑一个宽泛的情景范围，包括金融机构的特殊情况、所属国家的特殊情况以及市场范围的特殊情况。所属国家的特殊情况的一个例子就是对货币自由兑换的管制。

在极端压力的情况下，融资流动性风险和资产流动性风险会相互起反作用，因为在这些极端条件下，变卖资产可能变得益发困难。由于声誉风险具有自我修复特点，那些出现流动性问题的金融机构在变卖资产获取流动性时，可能低估其通过合理的价格出售资产的能力。

3.控制流动性风险

流动性风险可以用不同的途径来控制，包括将融资放在更多、更平稳的渠道上，实现融资来源、地域和债务期限的分散化。同样地，资产流动性风险可以通过设立特定市场或产品的限额和分散化来控制。融资缺口还与不同时间范围的限制有关。一些监管者设定了流动性资产的最低水平、期限错配的限制或依赖于某一特定融资来源的限制。另一个控制流动性风险的方法是对导致出现流动性风险的业务或金融工具进行监管惩罚。

4. 或有融资计划

次贷危机的出现凸显了修改和加强或有融资计划（Contingency Funding Plans, CFP）的重要性。

CFP 的目标是建立一个关于流动性压力情景下的行动计划。在危机发生的情况下，管理层通常没有太多的时间作出反应，这恰恰说明预先制订一个计划的益处。CFP 应当定义触发事件、明晰业务线的职责以落实为切换融资来源制订计划。它也应当考虑声誉效应对执行融资计划的影响。

一般地，对流动性风险管理系统进行公开披露，可以帮助投资者确定金融机构已经开发出了应对流动性危机的系统。而那些被证明具有流动性管理系统的银行更有可能使资金提供者对其具有信心，相对更容易摆脱挤兑风险。

第四章　公共管理视角下互联网金融风险防范

第一节　P2P 网络借贷平台的风险防范

P2P（点对点）网络借贷是指拥有资金并有理财投资意愿的个人，通过网络借贷平台这一信息中介机构的牵线搭桥，使用贷款方式将资金借贷给其他有资金需求的人的一种互联网金融模式。2007 年拍拍贷的成立为 P2P 网络借贷在我国的发展拉开序幕以来，其发展势头锐不可当。尤以近几年为最，发展之迅猛呈现"井喷"之势，不仅实现了数量上的爆发式增长，在业务运营上还创新出了大量的变异模式，可谓将创新发挥得淋漓尽致。但由于法律固有的滞后性，我国对 P2P 网贷的监管却迟迟没有跟上金融创新的步伐，导致 P2P 网贷经历了多年的监管真空期，网络借贷领域乱象频出，暴露了诸多的问题和风险，尤以 2015 年的"e租宝案件"为典型代表。2015 年 12 月 28 日，为了规范 P2P 网贷的发展，更好地发挥其在投融资领域的作用，银监会等四部委研究起草了《网络借贷信息中介机构业务活动管理暂行办法（征求意见稿）》，网络借贷行业的合规监管开始纳入金融监管的议事日程。8 个月后，2016 年 8 月 17 日，《网络借贷信息中介机构业务活动管理暂行办法》（以下简称《网贷管理新规》）正式出台，以规范性文件的形式为 P2P 网贷设置了一系列规则，将其正式纳入金融监管体制之中。《网贷管理新规》的落地实施，有助于打破 P2P 网贷行业近年来呈现的"劣币驱逐良币"的发展态势,有助于促进 P2P 网贷行业的健康发展。但对平台而言,由于其设置了一系列新的法律监管框架,无论是从对网络借贷平台的定性上还是对具体运营模式的规制上,都会给现存的 P2P 网络借贷平台(以下简称网贷平台)及其运营带来一系列新的法律风险,并以此倒逼网贷平台转型。本节主要立足法律风险分析及防范,探讨在现有的法律框架下网贷平台面临的法律风险及其防范措施。

一、我国现有法律框架下网贷平台的风险

根据《网贷管理新规》及其相关的监管政策所搭建的法律框架,我国网贷平台面临的风险具体可以分为如下几类:

(一)信息中介定位合规的风险

《网贷管理新规》第二条指出,P2P 网贷平台是从事网络借贷信息中介业务活动的金融信息中介公司,为借款人和出借人达成"面对面"的直接借贷提供信息搜索、信息公布、资信评估、信息交互、信贷撮合等服务。第三条也明确规定,P2P 网贷平台不得提供增信服务,不得直接或间接归集资金,不得非法集资,不承担借贷违约风险。这是我国首次从立法的层面上赋予 P2P 网贷平台合法的身份。P2P 网贷被引入我国初期,借助其"金融脱媒"的独特属性,聚集了大量的社会闲散资金,但由于我国监管的相对滞后而处于监管的真空地带,呈现"野蛮生长"的发展态势,大量的 P2P 网贷平台游离于传统的金融监管体制外,与"影子银行"相结合,进行"自我担保""自我借贷",并将大量资金投入高风险的套利活动,并衍生出了多种运营模式,较为典型的包括以拍拍贷为代表的纯中介模式,以宜人贷为代表的债权转让模式,以陆金所为代表的担保模式,以有利网为代表的小贷模式,等等。《网贷管理新规》提出的

对 P2P 网贷信息中介定位的要求，给目前的网贷行业带来了以下法律风险：

一是业务模式是否符合信息中介定位的风险。根据这一规定，不难看出，在我国存在的诸多 P2P 网贷模式中，《网贷管理新规》只对以拍拍贷为首的纯中介模式进行了肯定，对债权转让模式、担保模式和小贷模式进行了禁止性的规定。后三类模式存在不符合《网贷管理新规》对 P2P 平台定位的合规风险。

二是第三方是否可以为信息中介的网贷平台提供担保的风险。《网贷管理新规》明确平台不能为借款人提供担保，但对网贷平台是否可以引入第三方提供担保、第三方提供担保是否有资格限制、如何承担保证责任等均没有明确限定，这种不确定性也对网贷平台的合规性提出挑战。

（二）借款限额设置上限的风险

《网贷管理新规》第十七条规定，网络借贷应当遵循小额的原则，并从这一原则出发，对网络借贷的借款限额设置了上限，以防范信贷集中的风险。支持方如彭冰、黄震教授认为，限额管理有利于降低网贷行业的风险，同《中华人民共和国刑法》中对"非法集资"数额认定的规定不谋而合，可以使金融机构避开"非法集资"的监管红线。反对者的呼声也不绝于耳，诸如 e 路同心总经理闫梓则认为，对个人借款限额的规定会迫使真正有融资需求的人转向民间高利贷，无法发挥网络借贷对中小微企业的资金融通作用，最终违背普惠金融的发展理念。我们认为，《网贷管理新规》对自然人借款人和法人借款人在同一平台和不同平台的借款限额分别设置上限的规定，总体而言有利于降低网络借贷行业的风险，但是不可避免地会带来一系列的法律风险。

一是网贷平台难以管理和执行的风险。《网贷管理新规》对借款限额的规定不仅包括自然人、法人向同一平台借款，还包括向不同平台借款。当借款人只向一个平台借款时，对借款数额的监管或许较为简单易行，但是倘若借款人向不同的平台借款时，平台如何执行最高限额，监管者如何监管不同平台间的借款总额，这无疑给监管者和平台的信息共享和风险控制层面都提出了更高的要求。

二是平台资金存量难以消化的风险。对于平台而言,《网贷管理新规》的落地将其业务面进行了大规模的缩减,使得平台之前积累的资金存量无法消化。有人称,限额管理将引发一场生死劫。他们认为,网络借贷行业目前沉淀着 3 000 亿~5 000 亿元的大额新贷资产。《网贷管理新规》的出台,意味着网贷平台将要在一年内抽回 3 000 亿~5 000 亿元的贷款。

(三)债权转让的风险

《网贷管理新规》的一大亮点就是对网贷平台的业务进行负面清单管理,其中第十条第八款就对网贷平台的债权转让进行了禁止性的规定。从规定可以看出,《网贷管理新规》禁止的债权转让主要有两类客体:一是证券类或份额类产品,二是金融产品或类金融产品。对于证券类或份额类产品,监管者参考了美国的监管逻辑,认为发行证券类或份额类产品的行为已经构成了"发行证券"的本质,应当由中国证券监督管理委员会(以下简称"证监会")进行监管。但是由于网贷平台目前在我国由中国银行保险监督管理委员会(以下简称"银保监会")及地方金融行政机构进行监管,出于分类监管的需求,其不可进行债权转让。对于金融产品或类金融产品,监管机构希望网贷平台与传统金融机构的产品进行风险隔离,不能混业经营,这是由于混业经营不仅可能导致非合格投资者变相购买高风险产品,还可能使网贷平台的风险蔓延到金融机构。对于《网贷管理新规》明确转让的证券类、份额类产品及金融、类金融产品,网贷平台自当遵守,因而债权转让的风险主要来源于网贷平台自生债权转让及居间人运营模式的债权转让是否在法律允许的范围内。

(四)网贷平台资金银行存管的风险

《网贷管理新规》作为首部专门针对 P2P 网贷的规范性法律文件,对网贷行业的各项业务提出了更高的要求,其中最为亮眼的一条便是网贷平台的资金必须进行银行存管。2016 年 10 月，在《网贷管理新规》颁布不久后，银保监会随之出台了《网络借贷资金存管业务指引》（征求意见稿），并于 2017 年 2 月 22 日正式颁布《网络借贷资金存管业务指引》（以下简称《指引》）。《指引》相较于之前的征求意见稿而言，在各方面都收紧了监管，对网贷平台也提出了更高的要求，使现有的平台面临风险。《指引》规定每个网贷平台只能选择一家银行进行存管业务，不允许非银行金融机构参与，意味着原来 P2P 网贷平台在实践中存在的在多家商业银行存管的运营模式被禁止，且银行与非银行金融机构的联合存管被禁止。在明确银行存管的同时，还对可以进行存管的银行的资质和存管业务技术系统有更高的要求。

网贷平台的资金必须存管，但是存管的机构只能是银行，且必须为具备相应资质和条件的银行。存管主体的限制，使得银行的态度和对接的难度成为是否可以开展资金存管的决定性因素，无疑从某种程度上提高了网络借贷的资金存管成本，并使网贷平台的业务创新等受到不同程度的约束。

二、网贷平台对现有法律风险的应对措施

《网贷管理新规》颁布以后，各类网贷平台为应对信息中介定位、借款限额和负面清单的限制，呈现出如下的发展态势：一是大单平台资产端受到借款限额的约束不断萎缩，部分平台最终消亡或被迫转型，所谓的"大单模式"将宣告终结，对开展房屋权抵押、赎楼、中高档车辆抵押贷款等业务的平台影响将会非常大；二是超出限额不多的平台，如车贷平台，会逐步将融资标的控制在限额之内，或者要求借款人用直系亲属或关联企业的名义进行贷款，会增加相应的贷款成本；三是部分以消费类贷款和信用类贷款为主的平台公司，会逐步加大宣传和营销力度，并获得资本的青睐，但是其获利能力和平台的盈利前景尚不明朗。

针对《网贷管理新规》落地之后呈现出的法律风险，我们认为，在现有的

法律框架下，网贷平台可以通过以下措施对面临的法律风险进行防范：

（一）回归信息中介定位，三条渠道降低违约风险

1.计提风险准备金

风险准备金，也称风险备付金，指网贷平台建立一个资金账户，当出现逾期或违约时，网贷平台用这个账户里的钱先行垫付。针对不断爆发的 P2P 风险，不少网贷平台打出"设有风险准备金"的促销手段。对此，监管部门明确表示不允许。相关人士表示，目前并未对网贷平台设立风险准备金作出禁止性规定，但是明确要求机构不得以风险准备金的名义宣传，误导投资人。网贷平台计提风险准备金，最需要注意的问题在于如何将网贷平台的资金与风险保证金实现根本上的分离，正确的做法是在银行开立专门的账户存管风险准备金。然而，在计提风险准备金的模式下，如果项目出现逾期，风险准备金里的钱全部垫付光了，平台是没有连带担保责任的。如果出现大量逾期和坏账，投资人的钱是有可能亏损的。

2.引入第三方担保机构（融资性担保公司或小贷公司）

引入第三方机构担保不同于平台的自我担保。目前《网贷管理新规》禁止平台自我担保，要求网贷平台回归信息中介的定位，纵然网贷平台可以如前所述提取风险准备金，但也不能够完全应对借款人的违约风险。因此，引入第三方担保公司是一条可行之路。

目前，网贷平台如利民网、有利网、开鑫贷等网站，都有小贷公司提供全额担保，因为这些平台的运作模式是由小贷机构推荐项目且100%担保。

但值得注意的一点是，平台的安全性和有没有担保公司没有必然的关系，不能盲目认为平台有第三方担保就安全。没有绝对保证的事情，因为保证人可能破产。没有坚如磐石的保险，因为保险公司可能资不抵债。从平台的模式来看，一个平台是否安全还是要看平台的整体性，如风控、运营、营销、产品等都是重点，如果仅凭有担保公司就认为平台是安全可靠的，则是片面的。

3.考虑建立信用保险制度

当平台不再具有担保能力的时候，所有的风险无疑都需要由出借人承担。对于个人投资者而言，这是一种巨大的压力，会遏制投资者的投资热情。所以我们认为，除了平台自身可以设置专用账户提取风险准备金或引入第三方担保机构外，为了吸引投资者将资金投向网络借贷行业，还可以仿照存款保险制度引入信用保险制度，由网络借贷平台和贷款人共同向第三方保险公司投保信用保险。

囿于目前我国的网络借贷行业风险高发，估计难以找到愿意承保的保险公司，即便愿意承保，保费也必然十分高昂。为了降低投保的保费，信用保险制度必须与投资者分层及信用体系的建立相衔接。只有完善的信用评级体系，才能让保险公司对其所承担的风险有较为准确的估计，降低保费成本。

（二）P2P网贷行业加强合作、资源共享

1.网贷平台形成借贷信息共享机制

《网贷管理新规》对网贷平台的借款上限作出了明确的规定，既有单个自然人或法人向同一平台的借款上限，也有向不同平台的借款上限。为了合规经营，网贷平台在接受借款人的借款申请时，应当尽到审查义务，以防止超出监管规范给出的限额。但是，这种审查义务的执行却存在极大的困难，原因在于目前的网贷平台众多，缺乏一个统一的信息交流和共享机制。若借款人分别向不同的平台提出借款申请，网贷平台很难做到对其借款限额进行审查。因此，我们认为网贷平台可以加强协作，由实力较强的平台牵头，建立起一个信息共享平台，共享借款人的借款信息，为网贷行业合规经营提供便利。

2.可以考虑联合放贷

借款限额的设置，使每个网贷平台的贷款规模受到限制，抑制了业务的发展。在这种背景下，可以考虑网贷平台共享牌照和资源，最大限度地利用限额。具体而言，就是可以参考"银团贷款"思路，建立联合放贷平台，即由一家网

贷平台带头，联合其他几家平台，共同为一个借款人提供贷款。这种方法可以有效降低同一借款人向不同网贷平台借款的成本，以提高平台的竞争力。

但是这种做法却存在一个较为难以执行的瓶颈，即多个网贷平台联合放贷面临"拆标"，将一个主体贷款拆分给多家平台进行贷款，由于各家平台的风控标准各异，是否放贷标准不一，较难实现一起放贷。假使通过各平台的审核，获得平台联合放贷，一旦出现风险，优先受偿权的处理将会变得棘手。为了防范各平台的道德问题，也可以考虑由行业协会出面作为资金及品牌整合中介，但如果采取这样的形式，则会导致中间环节及时间成本的增加。

（三）获取金融牌照，积极完成平台转型

《网贷管理新规》颁布以后，转型做小额信贷或消费者金融业务是网贷平台的一大出路：一方面，这种业务模式符合小额分散的监管要求；另一方面，政策导向也鼓励金融消费的发展。网贷平台的业务转型小额信贷，可以采取申领牌照、与小贷公司合作甚至收购小贷公司等方式进行。

网贷平台实现业务转型，直接获得互联网小贷牌照，从事互联网小贷业务，对拟开展消费金融业务的平台而言作用最大。原因在于：互联网小贷牌照允许公司在全国范围内依托互联网向客户提供小额贷款服务，小贷牌照允许公司在注册地范围内向客户提供线下小额贷款服务。虽然小贷公司不得吸收存款，但可以通过资产证券化将债权打包后转让以盘活资金，或通过上市、发债、股东借款、银行贷款等方式进行融资。因此，如果网贷平台选择获取互联网小贷牌照，可以成功规避《网贷管理新规》禁止债权转让的风险，但需密切注意的是，如果网贷平台选择自己申领牌照，则需设置防火墙，严格切分网贷业务与小贷业务，不可将网贷业务的资金端作为小贷业务的资金来源，违反小贷公司的资金来源法律限定。

网贷平台如果选择与其合作，那么小贷公司可以通过资产证券化将债权打包后转让给网贷平台进行销售，网贷平台实质上起到了通道作用，当然可以规

避禁止债权转让所带来的风险。

(四) 完善相关风险识别和防范制度

《网贷管理新规》对网贷平台的风险识别和防范制度进行了一定程度的规范，主要涉及识别风险的相关机制、风险发生时的应急机制以及对风险的防范机制。之所以对这些网贷平台内部的管理机制作强制性规定，主要是为了减少平台的风险，使网贷行业早日走上合规发展之路。因此，对网贷平台而言，无论是调整业务还是选择转型，都应该加强自身内部控制，提高执业人员的素质，切实按照监管规定合规开展业务。

第二节 股权众筹的风险防范

一、股权众筹行业发展现状及问题

(一) 股权众筹行业发展现状

当前，物联网、云计算、大数据、社交网络等信息科技的发展与普及，使人们的生产、生活方式发生了变化，也革新了人们的支付方式、信息处理和资源配置技术。随着互联网金融等理念的传播，相当一部分互联网用户，通过股权众筹平台，能够快速转化成潜在投资者。股权众筹，是通过互联网平台，向数量众多的投资者销售股权或其他类似权益的融资方式。由创业者透过股权众筹平台发布项目，提出募集资金的邀约，投资者根据线上资料、线下路演等信息综合判断，作出投资决策。众筹的核心思想体现在"众"，股权众筹平台依附于互联网,其所能触及的用户不受地域限制,可以在短时间内聚集数量庞大的参与者;而每位投资者的投资额度可以很低,有利于用分散的方式降低融资风险。通常所言的互联网股权众筹,分为公募股权众筹和互联网非公开股权融资。公募股权众筹需要获得小额公开发行的豁免,因此目前更常见的是后者,其在模式上介于私募基金和公募股权众筹之间。

股权众筹平台往往要负责维护平台信息的安全,验证融资者所公布信息的真实性,向投资者揭示风险,保证投资者承受能力和所面临的风险相适应等。绝大多数的传统金融机构更倾向于服务大企业、大客户,小微初创企业则面临着融资难、融资贵等问题。互联网股权众筹正是由此应运而生,同国家"双创""四众"的政策号召相呼应,致力于服务成长中的初创企业,可以有效弥补小额信贷和专业投资者之间的空隙。

股权众筹,是一项金融制度创新,具有如下特性:

首先,它是直接融资,参与者直接将自有资金投给项目方,平台只是信息中介,撮合交易。股权众筹的发展能够缓解传统金融过多资金停留在虚拟经济,忙于"空转",导致金融效率低下的现状,提升金融服务实体经济的能力。

其次,相较于互联网金融的另一领域P2P网贷中"刚性兑付"泛滥,股权众筹中的投资者遵循"买者自负"的原则。在网贷行业中,刚性兑付、担保的无序滥用,导致风险聚集,同时削弱了投资者主动判断风险的动力,阻碍了行业的长远发展。股权众筹打破了"刚兑"的行业模式。

再次,股权众筹的融资门槛较低。成熟的证券市场进入门槛较高,一方面对投资者的风险识别和风险承受提出了严格的要求,另一方面对企业的规模、经营状况也有审查筛选。而参与股权众筹则简单得多,融资者在创业初期就能获得融资,更多普通投资者也拥有了投资盈利的机会。

最后,股权众筹和传统的融资方式不同,透过股权众筹,融资者得到的不仅仅是资本,通过股权众筹平台在互联网等媒介发布的项目信息,还能笼络人气、客户,在一定程度上进行宣传,寻找志同道合的合作伙伴,聚集人才智力。

（二）当前股权众筹行业存在的问题

第一，平台不能有效督促融资者真实、全面地向投资者公开相应信息，阻碍投资者进行准确的判断，阻碍市场功能的发挥。一般情况下，每一个单个的投资者相较于融资方和平台在信息获取方面处于弱势地位，而融资方完全有可能对经营的真实情况进行隐瞒。对于金融来说，信息的自由流通和真实有效是发挥市场机制、根据信用风险对资本进行准确定价的基础。信息的不对称则是道德风险与逆向选择滋生的温床。互联网金融发展的基础，正是其依赖大数据等信息技术，相对于传统金融能够更有效地获取信息、处理信息，准确把握信用风险与信息间的逻辑关系。诚然，股权众筹平台不同于传统金融机构，对于项目的运作，更倾向于通过"薄利多销"的方式进行，不可能像传统金融机构一样在线下进行细致入微的调研。但通过对以往的交易资料等信息进行大数据分析，对项目方进行分析评级，并向投资者提供平台自身能收集到的信息仍是必要的。平台不能为了冲业绩吸引投资，而以自身名义盲目对项目方提供的信息作出保证、承诺负责。

第二，平台对投资者的风险揭示不充分，对投资者风险识别、承受能力的审查不全面，导致不合格的投资者参与项目，暴露在超出其承受能力的风险之中。目前绝大多数平台通过向金融消费者在线提供风险揭示书并点击确认的方式，由消费者自行判断自身的财力和风险识别能力是否适合投资。过程简单，难以引起不同年龄段、不同教育水平的网民的充分重视和理解，使金融消费者的适当性验证流于形式。而目前对平台在此方面所要承担的责任缺少明确的规定，也导致平台行事懈怠。

第三，消费者个人隐私和信息系统安全面临挑战。一方面，股权众筹作为互联网金融的业态之一，离不开可靠稳健的互联网信息设备系统。而部分平台急于求成，将大部分资金用于广告、引入大项目等面子工程，而拖延信息系统安全建设等不明显的工作，导致平台遭遇木马黑客等攻击，造成重大损失。另一方面，平台为了进一步提升服务质量、运营效率，自然会收集客户的信息，以进行大数据分析。然而，在收集信息的过程中，应征得许可；在储存使用中，应做到保密，避免泄露；当客户终止合作，注销账户，应对信息进行销毁。并且，在搜索科技发达的今天，对数据的脱敏处理，也应把握好尺度，避免被不法分子通过"人肉搜索"得以还原，联系到现实中的特定个体。

第四，明股实债问题。明股实债在股权众筹领域得到了广泛应用，但因其暗含了金融和法律风险，也成为股权众筹领域专项整治的重点对象。明股实债的基本交易结构是，通过入股项目公司，约定固定的收益率或股息率，期满时由相关主体通过对入股股权进行回购、提供差额补足、向目标企业提供流动性支持、受让资管产品的受益权份额等方式，达到与信贷担保人提供保证担保相同的效果，以确保在一定期限内实现投资的顺利退出。明股实债是一种创新型的投资方式，其本质上具有刚性兑付的保本约定。但是，明股实债的广泛应用并不利于股权众筹行业的发展。明股实债的模式表面是股权，实则是一种债权，作为投资的两种产品，债权的收益风险比股权低，因此更受投资人喜爱。当明股实债的模式被广泛应用时，会在平台上积聚大量的投资人，这无疑会加大平台方的兑付责任。如果平台方因自身原因无法承担责任，则会发生兑付风险。反过来对于投资人来说，其收益将无法保障。

第五，项目欺诈风险。项目欺诈问题因项目方、股权众筹平台方、领投人、投资人彼此之间的信息不对称造成，故而自股权众筹平台伊始便被讨论不止，成为重点规制的对象。项目欺诈导致投资人无法充分地了解项目的真实背景以及融资方全面的资料，以致投资人在做投资决策时，做出错误的、不合理的行为，从而加大投资人的风险，损害其利益。解决项目欺诈问题的核心是缓解信息不对称问题对股权众筹项目中多方利益的不利影响。完善信息披露制度、建立健全的信用机制是能够解决项目欺诈问题的两大法宝。发行人及其信息披露义务人应当及时履行信息披露义务，依法披露的信息必须真实、准确、完整，不得有虚假记载、误导性陈述或者重大遗漏。作为众筹中介机构，应制定完善、及时的信息披露制度。健全的信用机制对行业发展而言不可或缺，具体包括加强众筹平台的信用审核,建立融资者、众筹平台及其从业人员从事众筹融资活动的资料库和诚信档案等。

二、股权众筹风险防范

股权众筹无论从单个项目的筹资规模看还是从回报形式看,对投资人与创业者都极富吸引力,对金融市场也具有显著的影响,因而成为一种新兴的融资模式,在一些国家迅速发展并取得合法地位。股权众筹在我国也方兴未艾,如"天使街""天使汇""大家投"等股权众筹平台逐步发展起来。基于中国的实践和监管需要,中国证券业协会发布《私募股权众筹融资管理办法(试行)(征求意见稿)》(以下简称《征求意见稿》),对行业中最为关键的问题,如股权众筹的性质、股权众筹平台的定义、合格投资人制度等作出详细规定,在经营方式、业务细则等方面则给予了从业者充分的创新空间。

(一)股权众筹行业需要明确而有效的监管

股权众筹行业其实并不反对监管,相反一直在谋求监管。明确而有效的监管政策,将有利于消除行业发展的不确定性,指引行业健康可持续发展。

首先,股权众筹提供的金融服务和产品具有很强的公共性质,需要具有公共权力的机构进行有效监管。

其次,为了维护公众信心,也必须对股权众筹进行监管。政府的有效监管可以在一定程度上减少信息不对称,遏制道德风险和逆向选择,同时消除监管层面的不确定性,提升参与者信心。

最后,从防范风险的角度,也必须对股权众筹进行监管。股权众筹属于高风险行业,多人参与的特点又使其风险具有一定的传染性,因此必须借助于政府或政府授权的机构来防范和化解风险。

（二）股权众筹监管建议

在现行的法律背景和市场环境下，监管者将股权众筹界定为私募，有其合理性。然而应当看到，股权众筹作为中小微企业融资的多种形式之一，其意义便在于有序吸纳社会上的剩余资本，通过比一般的天使投资增加更多的投资人和更便捷的投资交流渠道，在一定程度上分散单笔投资的风险，集中更多投资人的力量以使初创企业获得更多的融资。这种特点为股权众筹的公开发行进行小额豁免提供了可能。因此，相比其他一些国家对众筹相对成熟的监管规则，我国的《征求意见稿》仍需完善。针对中国式众筹的性质、特点和发展阶段，笔者提出如下修改建议：

1.股权众筹平台方面

其一，修改尽职调查义务。建议在《征求意见稿》第八条"平台职责"中增加一项，明确股权众筹平台应当履行监管职责，对融资者进行尽职调查，进行事前信息审核与事后项目监督。

我国金融业面临的一个重要问题是金融消费者知识不足，因而保护和教育金融消费者显得尤为重要。针对金融消费者保护，监管层在鼓励行业创新和自由竞争的同时，应该制定规范，督促平台提高自身的专业能力，要求平台尽到监管职责，对被投资项目做好调查，对投资者的适当性进行审核，做好资金的独立托管，确保投资者的资金运用到承诺的事项中去。

在股权众筹融资中，一方面，投资人与被投资人之间的信息不对称得到弱化，供给者与需求者之间的资本配置的地域及行业非均衡状况得到改善；另一方面，信息不对称也得到强化，需求者主要通过数字化信息对企业资本运营状况、信用状况、产品状况等加以辨析，而无法直接感知，从而可能作出错误决策而降低资源配置效率，信息不对称最终导致的结果是逆向选择和道德风险。平台进行尽职调查有利于降低信息不对称，促进行业健康可持续发展。

目前，不少众筹平台从提高自身信誉和防范风险角度考虑，已经在项目融资中主动进行了尽职调查。这是一个良性发展趋势，应该得到巩固和发展。笔者建议在正式管理办法中明确尽职调查义务，细化相应标准，制定更具操作性的规范。

其二，增加破产应对措施。建议明确：众筹平台必须与一个有资格从事交易的服务商签署协议，当众筹平台破产或终止服务时，由后者负责完成正在进行中的项目，在项目完成后才能结束服务。上述建议借鉴了法国《参与性融资法令》的相关规定，要求众筹平台制定自身的市场退出方案，这对股权众筹行业的健康可持续发展意义重大。股权众筹本身就是一个新生事物，无论是投资者还是融资者都对其认知有限，制定市场退出机制，有利于提高股权众筹参与者的信任度，也能避免平台的突然破产或终止服务对投资者和融资者造成损害。

2.投资者方面

其一，完善投资者适当性问题。《征求意见稿》第十四条对投资者范围规定：私募股权众筹的投资者是指符合下列条件之一的单位或个人：（一）《私募投资基金监督管理暂行办法》规定的合格投资者；（二）投资单个融资项目的最低金额不低于100万元人民币的单位或个人；（三）社会保障基金、企业年金等养老基金，慈善基金等社会公益基金，以及依法设立并在中国证券投资基金业协会备案的投资计划；（四）净资产不低于1 000万元人民币的单位；（五）金融资产不低于300万元人民币或最近三年个人年均收入不低于50万元人民币的个人。上述个人除能提供相关财产、收入证明外，还应当能辨识、判断和承担相应投资风险。

建议修改为：私募股权众筹融资的投资者是指符合下列条件之一的单位或个人：（一）个人投资者年收入12万元以下的，投资金额不得超过年收入的10%；（二）个人投资者年收入12万元至50万元的，投资金额不得超过年收入的15%；（三）个人投资者年收入50万元以上的，投资金额不得超过年收入的20%；（四）符合前述规定的个人，若上一年度投资净收益为正，则该年度投资金额占年收入的比例可向上浮动 3%～5%；若上一年度投资净收益为负，则该年度投资金额占年收入的比例需下调至少 5%。（五）净资产不低于 1 000 万元人民币的单位。上述个人除能提供相关财产、收入证明外，还应当能辨识、判断和承担相应投资风险。

投资者准入门槛是《征求意见稿》中争议最大的问题，笔者认为，尽管对投资者适当性作出规定是对金融消费者保护的通常做法，有利于防控市场风险，也有利于促进行业创新发展，但《征求意见稿》中对合格投资人的标准设定过高，不符合股权众筹低门槛的特点。股权众筹的出现本身就是在私募、信托这种因为门槛过高而沦为"小圈子游戏"的融资方式之外，为中小企业和个人创业提供的新的融资渠道，监管规应使普通投资者都有机会为个人或中小企业投资，从而聚集闲散资金，合理调配民间富余资本，为大众提供新的理财方式。因此，笔者建议应当在投资者适当性原则下细化投资者分级，根据一定的标准（如收入水平、交易记录等）对股权众筹投资者进行分类，并按照不同类别设定投资者的投资权限，达到控制投资者损失、稳定金融市场的目的。标准的设定既要考虑投资者的实际能力，又要考虑融资者的融资需求。标准不宜过严，否则会影响投资的空间和投融资双方的参与性；标准也不宜过宽，否则便会失去设定标准保护投资者的意义。

从投资者的实际能力而言，可建立以年收入或净资产为基础、以投资损益记录为附加的复合分类标准。前者体现投资者的风险承担能力，后者体现投资者的风险识别和控制能力。

在投资者方面，《征求意见稿》的亮点是将拥有社会保障基金、企业年金等养老基金、慈善基金等社会公益基金认定为合格投资者，这在一定程度上为广大机构投资者主动投身众筹浪潮打开了一扇大门。相较于大部分的个人投资者，这些社会公益基金管理专业化、投资行为理性化和规范化、投资规模大、投资周期长，大多数情况下是非常优质的投资者。未来如果这些机构进入股权众筹投资行列，将是对整个股权众筹行业的肯定。

其二，设置"冷静期"制度。建议规定：投资者在筹资期限届满之日起 10 日内可以无条件撤销投资，但应当在此期限内以有效方式通知众筹平台。由于信息的不对称性，可能存在投资者在投入资金时对融资项目的认识不足的情况。基于此，为实现对投资者的倾斜性保护，可以考虑设置"冷静期"制度。冷静期制度起源于英国普通法，是指买方在缔结合同后的一定期限内，可以无条件撤销合同。该条规定设置的目的是，在消费者由于信息不对称而难以知晓产品完全信息的情况下，给消费者一次补救的机会。股权众筹作为专业性较强的投资行为，理应为消费者制定"冷静期"。

其三，设立专业领投人制度。建议规定：股权众筹平台可以遴选具有一定股权投资经验和专业化能力的投资者，作为项目的投资人之一和全体投资人的代表，与被投资项目方进行接洽了解，进行尽职调查、谈判及投后管理等。

由于股权众筹属于具有高度专业性的投资活动，即使做好了平台专业能力建设，使平台提供了合格的审查和尽职调查服务，坚持了投资者适当性原则，也并不能完全覆盖风险。尤其是大多数投资者并没有相应的股权投资经历，缺乏对投资项目真实性和合法性的判断，期望由平台来承担所有关于项目合法性审查的责任，并不现实。

为了解决上述问题，目前不少行业领军的众筹平台在进行投资操作时引入了领投人制度。领投人的作用类似于私募股权基金中的一般合伙人和有限合伙人的结合，即既是管理者又是出资人。

现有众筹平台对领投人的要求极其严苛，以"天使汇"对领投人的要求为例，在合格投资人要求（比《征求意见稿》的标准更高）以外，还要求领投人具备下列条件：第一，在"天使汇"上活跃的投资人（半年内投资过项目、最近一个月约谈过项目）；第二，在某个领域有丰富的经验、独立的判断力、丰富的行业资源及很强的风险承受能力；第三，一年领投项目不超过 5 个，有充分的时间可以帮助项目成长；第四，至少有 1 个项目退出；第五，能够专业地协助项目完善 BP、确定估值、投资条款和融资额，协助项目路演，完成本轮跟投融资；第六，有很强的分享精神，乐意把自己领投的项目分享给其他投资人。在这样的条件下筛选出来的领投人拥有专业的投资经验和丰富的资源渠道，具备一定的道德素养和心理素质，可以较好地解决众筹投资人过于分散、缺乏代表的问题和缺乏专业风险识别控制能力的问题。同时，引入领投人制度，也有利于众筹平台趋向中立化，毕竟在对初创企业的投资中，只要一切合法合规，很难说清楚投资方和融资方哪一边才是真正需要保护的弱者。

3.融资者方面

其一，修改发行方式。《征求意见稿》第十二条规定：融资者不得公开或采用变相公开方式发行证券，不得向不特定对象发行证券。融资完成后，融资者或融资者发起设立的融资企业的股东人数累计不得超过 200 人。法律法规另有规定的，从其规定。

建议修改为：当单个投资者投资数额低于 10 万元、总融资额低于 500 万元时，融资者可以豁免《中华人民共和国证券法》对公开发行证券的审核，采取公开方式发行证券或向不特定对象发行证券。法律法规另有规定的，从其规定。

通常情况下，选择股权众筹进行融资的中小微企业或发起人并不符合现行的公开发行核准的条件，因此《征求意见稿》明确规定股权众筹应当采取非公开发行的私募发行方式。

私募发行方式针对现行并不成熟的市场有一定意义，但股权众筹的优势本就在于多人、小额，因此笔者建议尝试建立证券发行小额豁免制度，对小额证券发行实施注册豁免、宽松监管。这里的"小额"既指项目总投资额较小、风险发生造成的影响较小，也指每个投资者的投资金额较小，承担的风险较小。

笔者认为，针对限制公开募集资金的数额和单个投资者投资额的股权众筹，只要信息披露和风险披露足够充分，可以考虑参考美国的《乔布斯法案》，设置"安全港"制度，适当简化证券监管机构对众筹融资的行政审批流程，降低对其公开发行的监管力度，从而适应股权众筹的特点，减少发行人众筹的融资成本，吸引更多适格投资者加入股权众筹。

我国私募股权众筹的设立有其特定的现实背景，《中华人民共和国证券法》第十条规定：公开发行证券，必须经证监会等相关部门核准，公开发行包括向不特定对象发行证券，或者向特定对象发行证券累计超过 200 人等情形，该条并没有对公开发行规定有任何豁免情形。既然股权众筹不向证监会申请核准公开发行，那么就只能定性为私募，由此股权众筹就只能对投资者门槛和人数等设置更为严苛的限制。我们期望在《中华人民共和国证券法》的修订中可以体现小额豁免的精神。

其二，增加融资者信息披露要求。建议增加规定：融资者应向众筹平台提供真实、准确的信息，确保融资计划真实、合法；发布真实的融资计划书，充分揭示投资风险，并披露募集资金不足或超额筹资时的处理办法以及其他重大信息；定期通过众筹平台向投资者如实披露企业的经营管理、财务、资金使用情况等关键信息，并及时披露影响或可能影响投资者权利的重大信息。

从本质上看，金融市场是一个信息市场，市场的运作过程就是信息处理的过程，正是信息在指引社会资金流向各个实体部门，从而实现金融市场的资源配置功能。提高市场效率的关键是提高信息的真实性、准确性和完整性。

同时，融资者出于对企业本身的利益考虑也应该提高公司信息披露的质量。一方面，融资者的信息披露，从某种意义上来看，也是一种能标识融资者质量好坏的鉴证类信息；另一方面，融资者披露的信息越准确，其融资成本就越低。信息披露对融资者来说是一件极为重要的事情，必须严谨、认真、细心对待，以维护融资者的整体利益及全体股东的合法权益。

总体来看，股权众筹适应了我国经济金融发展的需要，应当得到大力发展。笔者认为，只有对证券公开发行条款作出适当修改，实施股权众筹小额发行豁免，同时增加有关投资者、融资者、众筹平台的制度规定，明确其权利义务，并在放低准入门槛的基础上加强监管，才能实现股权众筹的良性发展。

第五章　公共管理视角下大数据金融风险管理

第一节　金融大数据的风险管理方法与应用模式

一、银行业大数据风险管理

对于我国商业银行来说，中国人民银行提供的基础信用信息和基于客户调查所获得的基本信息是过去进行风险控制的主要信息来源，而主要方法则是基于专家经验的授信决策系统。在大数据背景下，行为主体的各种行为印记以数据的形式被记录下来，而这些数据包含了各类有效信息，在相当程度上缓解了过去银行和客户之间存在的信息不对称现象，从而成为银行进行风险管理的有效补充。

（一）信贷审批

信贷审批是商业银行进行风险管理的重要环节。随着社会的不断发展和商业银行同业间的竞争加剧，商业银行在进行信贷审批时越来越注重客户的体验。例如，提供更加简便的贷款申请流程、更快速的审批结果反馈、更公开透明的贷款受理过程等都是提升客户审批体验的主要表现。在保证风险控制水平和能力的基础上，提升客户的审批体验离不开大数据技术的应用。

1.实时审批

实时审批是自动化审批的一种类型，是指从获取申请信息开始，接入外部数据并进行比对、规则判断、信用调查和模型评估，到最终给出投信决策，在保证决策质量的前提下整个过程是在极短的时间内完成的。

为了实现实时审批，商业银行需要对其审批流程进行优化，减少人工干预的必要性，还需要对非人工环节的运行效率进行提高。具体来讲，就是要让数据、模型和策略更多地代替人工作出判断，并对信息技术进行革新，以智能决策模型和策略进行操作。例如，在有效信息足够完备的情况下，利用第三方的数据信息就可以对客户的申请信息进行校验和补充，无须工作人员再电话联系客户核实信息的真实性和完整性。

大数据是实时审批的根本。在大数据技术的作用下，客户所提交的申请资料得以简化，使客户的审批体验得到了有效的提升。此外，商业银行基于大数据技术也不再单纯依靠客户所提交的信息对客户的信用风险进行评估，而通过分析其他渠道获取的真实数据所得出的评估结果无疑更为有效。

2.前置审批

利用大数据技术，商业银行可以结合多个渠道的客户数据，在客户提交信贷申请前就对客户的风险水平作出评估，预先作出投信的决策，即将审批过程前置。如此一来，商业银行的工作人员根据审批合格的客户名单有针对性地接触这些优质客户，只要该客户提出投信申请，就能直接与商业银行建立起信贷业务关系。从中可以看出，前置审批既是风险控制过程的一部分，也是营销环节的一部分。

大数据技术在前置审批过程中的作用表现为两个方面：一是能够使商业银行在对客户风险进行评估时使用更加全面的数据，从而作出合理的投信决策；二是能够使商业银行对客户的信贷需求作出准确的预测，从而在恰当的时机为客户提供信贷服务。

3.隐性审批

隐性审批主要存在于消费金融领域，即在客户进行消费付款时，及时为该客户提供消费贷款，无须客户专门提交授信申请。隐性审批过程有以下三个突出特点：

一是隐性审批有很强的应用场景。隐性审批通常与存在客户借款需求的应用需求相联系，发生于该客户在该场景中的付款过程之中。基于该应用场景，商业银行能够获取借款客户的资金用途信息，从而保证了信贷资金使用的真实性，是对客户资信状况的有效补充。

二是在这一过程中，授信申请、授信审批、放款和交易紧密地衔接在一起，即客户在发生交易行为时并未感受到其授信申请行为，授信审批和款项的拨付都集成在客户的支付行为当中。

三是维护商圈的过程就是寻找客户的过程。在隐性审批的过程中，商业银行只需要找到客户集中的商圈便可以轻松引入优质的借款客户。

大数据技术的优势作用主要体现在隐性审批时，商业银行对其借款客户的风险和收益水平的实时评估之中。利用更能反映客户消费能力和经营状况的第三方数据对客户进行评估，所得出的评估结果更加贴合客户的真实情况。

4.移动审批

随着移动互联网技术的发展，越来越多的客户选择在网页端口和移动设备客户端口提交授信申请，借助大数据技术的后端审批环节也随之发生了不小的变化。

首先，移动审批实现了客户信息的实时传递，即客户在接入端口填写申请信息时，所填写的申请信息被实时传递给后端的审批系统。

其次，移动审批实现了更多的信息采集。基于对大数据技术的应用，客户在申请过程中相关数据也会被系统所采集，如填写时间、修改内容、修改次数、提交时间等信息数据。

最后，移动审批的审批过程延伸至申请端，即客户在填写授信申请时，每填写一条信息，该信息就被实时地传递到后台进行核实，客户无须完成全部的申请过程就能得到审批的反馈。

（二）风险预警

风险预警是指通过信息的收集和分析，对业务和资产的风险状况进行识别、测量和分析，并对可能发生的风险采取适当措施进行化解，以达到减少损失的目的。商业银行对风险进行预警，可以及时地采取有针对性的措施对未来将会发生的损失进行控制。大数据在风险预警方面极具优势。商业银行借助大数据技术可以从多渠道选取监控指标，对其经营过程中每一个业务的每一个环节的异动进行跟踪，从而实现对风险的有效预警。

风险预警是一个动态过程，其流程如图 5-1 所示。在风险预警的动态过程中，主动监测并化解风险是其主要目的，预警是实现该目的的手段。从图中可以看到，风险预警是一个闭环过程，通过发现问题和解决问题的循环往复实现对风险的动态管理。在这一过程中，监测环节是对风险进行识别的环节，有效的监测识别决定了风险预警的准确性和及时性；预警是触发风险处置措施的环节，而归因分析则是采取恰当处置措施的必要前提；在对当前所发现的风险进行处置后，当即进入下一轮的风险监测环节，以发现新的或变得更加严重的风险问题。

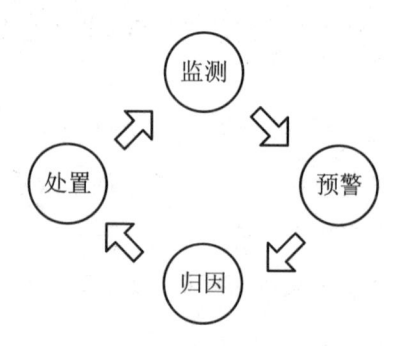

图 5-1　风险预警流程

1. 风险预警体系

健全的风险预警体系是及时且全面的。风险预警体系的及时性体现在以下两个方面：

一是风险预警信号具有前瞻性和预见性，即风险预警信号能够帮助商业银行及时识别早期的风险迹象，避免因预警信号存在滞后性导致其承担较大的损失。

二是及时对风险预警信号作出反应，即商业银行在收到风险预警信号后，必须有能力对所发现的风险迹象以化解风险、减少损失为出发点采取快速的应对行动。

风险预警体系的全面性体现在以下两个方面：

一是既要关注单一客户，也要关注客户整体。商业银行对风险预警信号的识别要覆盖到每一个客户个体，也要对整体的客户结构和资产质量给予充分的关注。

二是既要细化到单一业务，也要覆盖全部的业务范畴。商业银行不仅要对微观层面的单一业务进行预警，还要在宏观层面对全部业务的各种风险进行有效的预警和防范。

根据预警类型的不同，可以将风险预警分为个案预警和资产组合预警。个案预警是指对某一客户个体的信用状况的监测和预警；而资产组合预警可以是对某一业务的资产质量的评估和预警，也可以是对由多种业务所组成的整体资产状况的评估和预警。通常情况下，个案预警是资产组合预警的前兆，因此可以在二者之间建立恰当的预警联动机制。

2. 分级预警机制

分级预警机制是指基于预警信号的严重程度和所需响应速度的不同，在预警体系内设置不同的预警级别，以对每个预警信号作出恰当的反应。不论是哪一级别的预警信号，都需要进行相应的归因分析，在找到预警原因的基础上采取适当的措施对风险进行必要的控制。而分级的意义在于，商业银行可以根据预警信号的级别来确定处置措施的实施范围和实施进度。

3.大数据在风险预警中的作用

为提高预警信息的及时性和全面性，商业银行的预警信号获取范围已经扩展到了外部，而且从传统的公共记录扩展到了无限的网络世界当中。互联网大数据具有非常广的数据范围和非常高的数据更新频率，因而基于互联网中快速更新的海量信息的输入，商业银行的预警能力得到了极大的提高。在这一高效运行的风险预警体系下，客户任一异常的行为都会被及时地识别出来，并将作为风险预警信号实时传递给客户经理，客户经理将会根据该预警信号的严重程度采取相应的处置措施，及时对客户的异常情况进行排查。

二、保险业大数据风险管理

大数据在保险业风险管理中的应用主要是对保险欺诈的识别。目前我国保险反欺诈体系建设不够健全，对反欺诈工作的基础性投入不足，未形成全国性的反欺诈处理系统，保险公司之间的数据共享机制缺失，这些都使得保险欺诈现象屡屡发生，给保险公司造成经济损失，同时也给保险的社会功能实现带来了障碍。

（一）大数据保险反欺诈流程

保险公司运营的核心是基于历史理赔大数据的保险精算定价和高效运营，但如果不能有效识别恶意欺诈行为，不仅会给保险公司带来个案上的经济损失，也会对其基于历史理赔的保险定价带来负面影响。而大数据进行欺诈识别具有显著的技术优势。

保险公司可以通过对其掌握的海量用户数据进行深度挖掘分析，从中找出诱发保险欺诈的活跃因素和这些因素的波动范围，并在此基础上构建大数据保险欺诈识别模型。基于这种反欺诈识别模型，理赔人员可以对发生的保险理赔时间进行更为准确的欺诈风险评估，并依据这种评估的结果最终作出理赔决策。

目前已经有基于大数据技术的保险智能勘查理赔系统应用于实际的保险理赔过程中。智能勘查理赔系统可以及时客观地根据保险标的出险状况与理赔条件具体指标的吻合程度作出是否进行赔付的决策，如有异常情况，则会将此进行上报并提供依据，等待勘验人员的进一步决策。

这种欺诈识别系统依赖数据资源的完整性和可靠性，保险公司自身以及同业公司的历史理赔记录、保单信息、征信记录、犯罪记录、社交网络、交通与医疗统计数据乃至投保人理赔申请前后的金融记录等都有必要纳入系统中来进行整合处理。

保险欺诈识别与反欺诈系统从索赔方提出索赔申请或自动感知识别的理赔系统发出实时警报代替索赔人的理赔申请开始。

保险公司在收到相关申请后将自动进入审核环节，利用大数据技术对其所掌握的投保人与保险标的相关的基础数据，由智能勘查系统及时反馈的与出险状况相关的实时数据进行处理和分析，对引起风险事件发生的主要因素进行识别和判断。智能勘查理赔系统可以以在此环节中向保险公司提供视觉化的信息并为其解释潜在的诈骗行为，帮助保险公司对可能的保险欺诈行为给予必要的关注。

大数据分析的结果将作为输入参数进入智能欺诈评估系统，以对此项理赔案件的诈骗风险进行进一步的评估。评估将对案件的风险程度进行打分，如果其得分较高意味着诈骗风险较低，是正常的理赔行为，即作出理赔决策；如果得分较低，则意味着诈骗风险较高，需要进一步进行审核，如通过人工实地勘查审核评估等。

上述欺诈识别与反欺诈工作流程在保险理赔的欺诈识别中十分高效，除了能够大幅缩减理赔审核的时间，更能够提高理赔审核的准确性，而这正是基于大数据技术在海量数据处理中的应用能力。

（二）大数据反欺诈工作重点

利用大数据技术和资源进行欺诈识别和反欺诈，需要做好三个方面的工作：一是对相关数据进行有效利用，二是建立科学的承保和理赔规程，三是强化行业内部协作。

对相关数据进行有效利用是保险公司大数据反欺诈工作的核心。首先是建立信息共享机制，通过大数据技术建立信息共享平台可以消除保险公司面临的信息不对称问题，为后续进行反欺诈工作提供基础性支持。其次是对数据的管理和整合，除了要对内部数据进行整合，还要对通过信息共享平台和其他第三方合作机构获得的数据进行整合分析，这种可视化分析能够将客户承保、理财等方面的数据所隐含的信息更加直观地表示出来，从而使整个反欺诈工作的脉络更加清晰明了。最后是对信息的量化分析，量化分析可以借助预测技术建立用于欺诈识别的统计分析模型，基于大量理赔案例的历史数据作为输入参数进入反欺诈模型中之后，模型可以对当前的理赔事件风险状况进行打分，为保险公司的最终决策提供支持。

建立科学的承保和理赔规程，是保险公司对承保和理赔环节的工作机制和流程的优化，从而将反欺诈工作的重点从被动的事后控制转移到主动的事前控制。首先是提高承保工作的高质量审核，利用大数据技术严格分析评判投保人的投保动机，在订立保险合同之前就能够初步实现对投保人的欺诈风险评估。要实现高质量的承保，还要持续建立有效的承保审核制度、信息沟通制度和岗位考评制度，其次要建立严格的理赔勘查制度，对欺诈识别和反欺诈模型给出的评分较低的理赔申请，要进行实地勘查，并对异常和特殊的理赔申请进行复勘，以提高勘查环节的工作质量。最后是建立规范的理赔制度，包括接案人、定损人、理算人、审核人和审批人之间的分离制度以及实地勘查人员的制约制度和勘误理赔追责制度,同时对有关风险评估数据和实地勘察报告进行有效的存储和备份。

强化行业内部协作则是对整个保险行业的大数据风险管理应用进行统一协调管理,共享行业的大数据应用红利。一是全面推进行业信息共享建设,从而打破各个保险公司之间存在的信息和数据孤岛,将分散在各保险机构的相关数据按类型的不同进行分类存储和有限共享,充分挖掘和释放共享数据在保险反欺诈工作中的价值。二是制定行业大数据规划,从监管视角将大数据技术应用和保险反欺诈工作结合,出台相应的法规政策,为保险行业的良性健康发展提供政策环境保障。同时从行业协会的角度确保数据共享的质量和层次,建立行业数据分析模型和分析框架,减少各保险主体各自建立防护体系的成本。三是推进保险行业信用体系建设,建立统一的保险行业内部信息平台,对投保客户和从业人员的信用状况进行记录和评价,建立行业黑名单制度和市场退出机制,实现对失信主体的有效约束和惩戒。

三、互联网金融大数据风险管理

互联网金融是系列互联网技术在金融领域的应用,其快速发展在一定程度上提高了金融资源配置的效率,提高了金融贸源利用的普惠程度。但不可否认,互联网金融的产生也伴随了大量的风险,其中很多都是传统金融所没有的风险形态或变异形态,而与此同时,大数据技术在治理这些因互联网技术应用导致的风险时也具有独特的作用。

（一）基于大数据的第三方支付欺诈风险管理

第三方支付在发展的过程中始终受到欺诈风险的威胁，尽管这种欺诈行为一般与第三方支付平台本身无关，是不法分子利用网络漏洞或者消费者薄弱的防范意识进行的，但最终还是给消费者带来了损失，在一定程度上影响了社会对第三方支付平台的信任和行业发展。

对于支付平台来说，丰富、高质量的大数据资源是其天然优势，完全可以利用大数据进行欺诈风险防范。一方面，第三方支付交易涉及资金往来，所有平台在用户注册时均会要求用户填写真实信息，包括个人身份信息、通信信息、银行卡信息、财产信息以及些其他隐私信息，这些信息都是具有较高经济价值且一般难以获取的；另一方面，一旦用户通过第三方支付平台进行交易，就会遗留大量的历史交易数据，这些数据很好地记录了消费者的消费信息，如交易对象、交易金额、交易时间、交易方式等。以上信息都具有高质量、高可信、高密度的特点，因此完全可以被用来进行欺诈风险的防范研究。第三方支付平台将以上数据信息纳入其动态云端数据库，并对此进行科学管理和分析，通过一定的算法建立风险控制模型。这种风险控制模型具有实时分析的特点，通过对用户行为与云端数据的关联分析发现其中的可疑之处，从而阻止欺诈行为的发生。即便客户的账户信息已经被盗用，但通过这种关联分析也能判断出其是否异常，从而阻止损失的发生或扩大。

利用大数据技术对第三方支付欺诈风险进行防范，包括以下四个具体的行为场景：

1.注册场景

对于第三方支付来说，欺诈行为的发生往往是从注册账户开始的。例如，不法分子会在同一个支付平台注册多个账户，其并不是为了进行正常的交易，而是另有目的，如获取平台营销活动进行的红包奖励、优惠券、礼品等，或者是为今后通过这些账户进行洗钱、诈骗等行为做准备。前者可能给平台带来经济利益损失或降低营销活动效果,后者则可能给社会带来更大的危害。

尽管在注册环节支付平台往往会通过注册界面的验证码等验证行为以及手机号验证等对这类虚假注册进行一定的管理。但对于不法分子来说,其可以通过雇用人力进行注册验证,规避注册界面的验证行为,也可以通过虚拟手机号码进行注册,从而导致以上验证行为均形同虚设。而利用大数据技术,则可以通过对云端数据的分析来判断用户的注册行为是否异常,如注册请求行为的地址是否为代理地址。同一个终端发起的注册行为是否过于频繁等。平台还可以通过外部的或者自有虚假手机数据库进行识别,并建立定期清洗机制,从而确保数据准确性,减少系统误判行为。

2.登录场景

在第三方支付平台的登录场景中,主要面临账户盗用以及撞库的欺诈风险。木马钓鱼或者互联网泄露数据等因素导致的账户盗用,会导致账户被越权访问登录用户的支付后台界面,进而发生资金损失。而越权访问获取的支付账户的个人信息的利用价值很高,往往也会被欺诈者在黑产市场中反复交易使用。对互联网用户来说,为了方便使用,很多用户会在不同的应用或网站上使用同样的用户名甚至同样的密码进行注册登录,那么只要任何一个应用或网站因安全性较差而被攻陷,该网站的账号密码数据库就会发生泄漏,从而形成"拖库"。黑客会对"拖库"之后的数据进行清洗封装,并对一些有价值的平台进行定向撞库攻击,即使用他们已经掌握的用户密码进行模拟登录尝试,这将导致更大规模的数据泄漏。

大数据技术可以针对这种风险进行防范。一是通过用户登录的 IP 地址判断其登录行为是否异常,特别是短时间内是否在不同的 IP 地址尝试登录,如果用户在极短时间内有连续登录行为且每次登录的 IP 地址解析位置距离偏移过大,就说明这很可能是欺诈者在挂 IP 代理进行登录,意图隐匿登录来源。第三方平台的监测模型如果发现此类行为,就可以对相关账户进行密切关注。二是通过人机识别监测程序判断用户登录环境是否异常,黑客往往会在撞库的时候使用成熟的工具程序进行批量模拟登录接口，通过在登录页面布控人机识别监测程序，判断登录来源设备是否缺失或伪造，判断用户的交互行为是否存在缺陷。三是跟踪分析判断用户登录习惯是否异常。一般来说，第三方支付用户的常用登录设备、常用登录地点等都是比较稳定的，平台可以根据这种长期的跟踪，利用大数据分析判断其是否在非常用设备和地点进行登录，建立可信设备登录体系，对在非可信设备登录的行为进行严密监测。

3. 绑卡场景

在用户绑卡的环节，尽管第三方支付平台已经通过银行卡号、身份证、姓名、预留手机和验证码等要素进行了风险防范，但如果欺诈者通过钓鱼木马等获取用户的短信校验码，这种风险防范手段就有被攻击破坏的可能，并有可能进一步获得用户的其他相关信息，进而继续在其他平台进行冒名注册绑卡。

针对这些绑卡环节中的欺诈风险，大数据技术可以对绑卡用户的信息、设备、IP等维度进行关联分析，对中介的批量绑卡行为特征进行快速甄别，如果发现异常行为即可立即对真实用户或者账户本身进行反馈，防止损失发生。

4. 支付场景

在支付场景中，主要可能发生的欺诈行为风险是查卡支付或利用此类账户进行的洗钱和套现行为，其中查卡支付仍然源自用户隐私信息泄露，但这种行为也能够在一定程度上被大数据系统监测出来。例如突然出现了不符合用户日常交易支付习惯和与其账户信息不吻合的异常支付行为，就值得平台进行关注。而洗钱套现则更多表现为账户本人的违规违法行为，通过第三方支付的管理漏洞获得经济上的收益。

这些支付场景中的风险事件，第三方支付平台可以通过对账户在过往一段时间内的交易特征，如资金流向、交易金额、交易频率等进行分析，从而发现异常行为。例如，资金的流动突然大额密集集中在特定账户，且账户的活跃IP、设备是同一个或相近的，符合非法套现和洗钱的特征，那么其风险异常的概率就很高。

（二）基于 VITA 系统的网络信贷产品匹配和风险控制

VITA 金融服务推荐系统是匈牙利某信贷协会开发的一种基于知识的推荐技术平台，其能够帮助销售代表与客户在销售过程中进行交互，从而提高销售代表的工作业绩，降低开发和维护相关软件的整体费用，降低由于信贷产品和资金供需双方的不匹配导致的风险叠加。

目前 P2P 借贷中最大的挑战和风险源就是金融信贷产品结构与客户的个性化借贷需求难以完全匹配，产品找不到合适的客户，而客户也找不到匹配自己需求的产品，不完全的匹配为后面的风险爆发积累了不稳定因素。基于大数据的推荐技术能够改善这一情况，通过高效地挖掘和维护数据库，不断提高算法的准确性，可以大大提高推荐的效率，提高用户对平台的黏性，进而丰富数据库，不断优化和迭代算法，形成良性循环。

VITA 数据库包括用户特征属性、信贷产品属性和实例等明确要素；同时，其持有的约束机制能够在特定场景下不向客户推荐某些信贷产品，特别是产品风险结构与用户风险承受能力不匹配的时候，从而实现对风险的控制。而咨询过程则对信贷产品推荐的规则进行了明确定义，其推荐过程包括提取需求、信用价值审核、产品咨询和选择、精确计算及结果展现四个阶段。

在第一个阶段，系统会提取用户的需求信息，包括贷款目的、贷款金额、贷款期限等，提取用户需求信息之后就会根据客户的基本状况对其信用价值进行审核，审核其过往信用记录、贷款历史、抵押财产等。通过信用价值审核之后，系统会为其提供与之相匹配的若干产品或贷款方案供其选择，客户选择了某一具体产品或方案之后，系统则会计算并展现相应的产品属性，如偿还计划、保留条款等。如果双方没有其他问题就进入贷款流程，而贷后的一系列管理数据则更新到数据库中，为算法优化迭代提供新的数据资源。

（三）互联网消费金融的大数据征信与风控

消费金融面临的最大风险就是信用风险，而对互联网消费金融来说，由于其主要客户是年轻群体和中低收入群体，其信用历史记录往往更加单薄，因此对信用风险的防控更为重要。但一方面，通过传统方式收集客户信息对其还贷能力和意思进行判断显然费时费力且效率低下；另一方面，我国的消费金融公司在征信建设方面缺乏足够的经验和能力，必须通过与大数据征信机构的合作来完成消费信贷的授信过程。大数据征信机构可以获得用户的多维数据，通过多维数据分析对客户进行评级和分类筛选，从而完成客户的差异化管理，为其消费信贷过程提供重要提示。

基于大数据征信的风控管理平台，首先是要做到多源数据的整合与管理，整合第三方数据机构与征信服务机构已有的数据，提供从反欺诈、证据保全到第三方征信、电商平台、O2O生活闭环等各个维度的数据分析与服务。另外，还需要从客户的还款意愿和能力等角度对客户进行审核，对通过风控模型评分得出的分类客户进行差异化评估，并给予这种评分分类以审批、授信、差异定价、风险预警和额度调整等流程设计，实现信贷机构的批量化与规模化要求，最后与互联网消费金融的消费场景进行结合，将大数据风险管理植入具体的消费场景中，实际掌握客户贷款的实际用途，规避资金挪用的风险，为来自电商、教育、旅行、装修、购车等场景的贷款需求搭建自动化决策模型和风控体系，从而实现快速、实时放贷，满足场景消费对放贷时效的要求。

第二节 大数据背景下的
金融监管研究

一、风险监管的政策指引与数据治理决策框架

金融行业是典型的数据和信息密集型产业，大数据在金融监管中的应用并非一个新兴事物。在金融监管的历史上，金融监管机构历来会要求各金融从业机构及时、准确上报有关业务经营的各类数据以供其进行金融监管活动，作出合理的金融监管决策。可以说金融监管严重依赖金融市场运行已经产生的数据，当然也依赖市场运行其他方面的有关数据。

随着各类经济金融数据生产的指数型增长，以及大数据、云计算、区块链和人工智能等技术的快速发展。传统的金融监管数据应用已经难以对越来越复杂的金融风险进行有效监管，必须把各类技术进行有效整合，建立基于数据治理的风险监管平台，促进金融监管模式的变革与创新。依托这一监管平台，将有力推进金融监管中数据应用的实际效率与效益提升，帮助决策者优化其监管决策，最终帮助金融监管走向更加完善与高效的未来。

（一）大数据金融监管的内涵

大数据在风险监管中的应用，并非利用大数据对系统性风险形成的原因进行事前假定，而是利用来自多维度、多渠道的数据进行风险的过程推演和动态实时监测分析，这样的非抽样数据在分析过程中能够发挥数据完整的信息价值。因此，利用大数据资源和技术进行金融监管可以认为是对可获得的各类有效数据信息进行深入的数据挖掘、机器学习和可视化分析等技术处理，分析其

中与系统性风险有关的信息，并对系统性风险进行量化，最终实现对风险的有效监测与预警处置管理。

大数据在金融监管的过程中既提供了新的信息分析手段，也提供了新的风险管理手段。来自不同维度和渠道的海量数据可以充分发挥数据的信息价值，从而使得金融监管更加全面和准确，这在审查交易主体资格、内幕交易认定、整体杠杆水平衡量和欺诈信息认定等方面都有重要应用。而大数据的应用同样能够使监管更加有针对性和个性化，能够充分考虑监管客体在资产规模、交易手段、投资目的等方面的差异性，从而做到精细化监管，提升监管效率。

（二）政府的金融监管政策指引

近年来，随着大数据、云计算等技术应用的快速普及，金融领域逐渐刮起科技潮，利用各类金融科技提供新型金融服务成为金融创新的突破点。我国政府相关部门及时关注到了这一变化及其对金融监管带来的挑战。自2015年起，从国务院到各个相关部委纷纷出台了一系列政策，力图对金融领域的创新应用进行有效监管。

（三）基于数据治理的金融监管决策

基于政府金融风险监管机构在占有一定数据资源的基础上，我们可以通过对大数据技术的现实应用，建立基于数据治理的金融监管决策框架。这一决策框架包括数据来源、数据治理、数据计算和政策交互在内的四个部分。

在数据来源方面，四个维度的数据确保数据提供的信息足够完备和充分。政府本身已经建立和掌握的来自金融体系自身和其他相关领域的数据资源已经包含了不同的维度，但并不足以保证据此作出的决策的科学性。来自互联网的数据和行为主体的历史行为数据是被监管客体在网络世界和现实世界的经济活动乃至非经济活动痕迹数据，能够反映其过去的所有信息，同时互联网数据还包括这些行为发生时的宏观环境信息；而第三方数据则是与之有利益关联的第三方提供的发生交互活动时的信息记录。

在数据治理和数据计算方面，需要对可得到的各种数据进行结构化处理，并在此基础上对数据进行储存、清洗和筛选，使之能够被数据模型使用；而同时来自不同渠道的数据还要发生关联和聚合，对已完成数据进行校验与匹配。不断迭代学习的数据算法能够利用数据作出相应的金融监管决策，为政策意见的出台提供客观的依据，从而提升最终政策的准确性和针对性。

政策交互用于人机之间的双向沟通，政策制定者可以根据自己的需求和现实环境，通过向机器输入相应的数据参数和指标，得到制定政策的相应指引。而机器也可以通过与政策制定者的互动和数据分析，得到来自现实世界的反馈和修正意见，提升机器学习能力和算法的有效性。

二、大数据监管体系建设

（一）传统金融监管体系的不足

随着金融自由化和金融国际化的日益推进，现代金融业务品种极大丰富，交易手段和金融决策依据变化较大，加之大数据和互联网技术的日新月异，这些都要求金融机构市场准入的审核、业务范围以及金融企业机构内部组织结构等方面的监管和控制的要求不断加强。传统金融监管体系所涵盖的范围已不能满足现代金融市场的风险管理要求，当前的传统金融监管模式主要存在以下几个问题：

首先，无法实现非现场监管和现场监管的有效结合。基层监管机构非现场监管风险评级的成果，在现场检查项目的重点和频率的确定上，未得到有效利用，非现场监管信息也没有通过现场检查的进一步核实来进行补充和完善。而大数据技术则能将非现场监管和现场监管有机结合起来，提高监管风险评级的准确性。

其次，金融监管缺乏足够的灵活性。我国不同的城市之间发展水平差异较大，在东部沿海地区，金融业的发展程度就远远高于内陆地区，在这些地区监管部门所面对的风险种类更多，程度更深。由于对金融机构差别化细分不足，地域的差异性细分不够，对高风险的机构可能存在的风险识别不足，造成监管力度不够，不能有效预警并起到防范和化解风险的作用。而投放过多监管资源在低风险机构上，则会造成监管成本增加，监管效率降低。监管部门迫切需要提高对不同监管主体监管要求的灵活度，因此需要监管部门对不同金融机构的经营管理信息了解得更加充分，从而更好地找到机构发展和风险防控的平衡点。而大数据技术通过海量的数据分析，能准确识别不同金融机构面临的风险，对不同金融机构提出差异化的监管要求，从而提高风险识别和监管水平，降低监管的成本。

再次，传统监管模式下的预警分析不够深入。监管人员对从非现场监管平台得到的信息往往只进行简单的汇总分析，对实际情况的分析不够深入，不能够有效识别隐藏在信息背后的风险。大数据强大的信息分析能力则可以弥补这一缺陷，对监管平台上采集的全部数据信息进行充分的挖掘与分析，从中及时识别风险，以便实施有效的预警措施。

最后，在大数据金融时代，监管部门的人才储备明显不足。大数据的到来使得金融市场变得更加复杂，这就对金融监管部门的监管人员的素质提出了更高的要求。市场对高素质人才所提供的薪酬往往高于监管部门所能提供的薪酬，这就导致监管部门的监管人员往往难以抵抗市场上更加精明的金融人才，使得有效的金融监管更加难以实现。因此，也要同步提高金融监管部门人员的专业水平，紧跟技术的进步，以应对市场上层出不穷的金融创新带来的监管要求的提高。

（二）大数据在金融监管中的应用

在大数据金融时代，金融监管将更具针对性和精确性，大数据为金融监管提供了有力的手段。在传统金融中,整个行业或某一个领域往往适用于同一套监管规范,这就使得金融监管缺乏对微观监管主体的监管针对性,无法体现差异性。这一监管方式的优点在于监管成本较小,并且在数据和分析技术有限的情况下,这也是较为实际的监管方式。然而在大数据时代背景下,由于数据收集和分析的成本大大降低,监管机构可以完整、准确地刻画出各种监管主体的特征,提高监管的效率和水平。此时如果仍采取传统的大一统的监管方式,则会给被监管主体带来额外的监管支出浪费。

一方面,大数据技术打开了风险管理领域的新纪元。以防范流动性风险为例,现今已有部分企业采用大数据进行相应的管理。比如,余额宝借助对用户支取资金行为的分析以评估产品的流动性风险并采取适应性调整措施,分析结果表明,余额宝的资金占有率维持在5%的水平就可以保证其运作过程中"T+0"流动性的特点。基于此,监管机构针对流动性风险采取预防措施时,在各类企业完成同等监管要求的基础上,通过大数据对其进行调查分析。对于资金支取行为难以估量的企业收取较高比率的存款风险准备金,从而以合理的方式实行有针对性的监管。

另一方面,大数据强大的信息分析能力能够提升金融监管水平。通过海量、多角度的数据分析,监管部门可以形象生动地刻画各市场参与主体各个维度的信息。大数据作为信息分析手段,可以加强对内幕交易的打击力度。随着金融交易电子化的不断推行以及大数据收集和处理能力的进步,被监管主体的信息将在电子系统上留下痕迹,通过大数据分析,监管部门能有效地追踪各个被监管方的动态轨迹,这为包括数据提取、行为监测在内的一系列内幕交易盘查工作提供了极为重要的帮助。

另外,有了大数据这样的信息分析工具,企业上市前的一系列盘查工作将更为高效。借助海量数据,该公司的财务、生产、研发等多方面状况有望直接汇聚成综合性反馈分析。基于数据在企业经营活动中日益重要的地位,在线业务种类有望进一步增多,从而使得不同来源、各种角度的数据可以生动刻画企业各方面情况，企业"粉饰"经营状况的难度将大幅增加。在大数据时代，监管部门可以基于对各类数据的运用高效准确地辅助审核拟上市公司提交材料的真实性，为其监管能力工作效率的提升开拓了新的发展空间。

（三）大数据金融监管中的政府角色

大数据分析作为一种新型监管工具，是政府部门完善金融监管体系的有力武器，政府各监管部门都可以通过对大数据的应用来实现对金融市场运行的监督和调控。国务院于 2015 年 7 月 1 日发布《关于运用大数据加强对市场主体服务和监管的若干意见》，强调了大数据在市场监管中的重要作用，这是紧随互联网时代发展趋势，运用先进技术完善政府公共服务和监管工作，促进简政放权和政府职能转变的重要政策文件。从中可以看出，政府极力推动大数据运用于金融监管。

首先，从央行（即中国人民银行）的角度来看，数据挖掘及大数据分析能够大大弥补传统分析方法的缺陷，在对海量数据分析之后，能够更准确、更便捷地了解金融市场的整体概况。在央行监管工作的过程中可以在以下几个方面运用大数据分析手段：

一是信贷统计分析。大数据分析可以被用于监测贷款集中度风险，监控分析银行融资的投向结构，并且及时做好风险提示工作。它可以指导资金投放向多个领域分散开来，遏制脱实向虚的风潮。它也能够迅速捕捉到涉及不同区域、不同银行的关联担保及连环担保等动态，预防并压制区域金融风险。

二是行业风险预警。基于范围的角度，从支付、同城清算及申报解读等系统和数据库中获得财务数据并挖掘资金流向，采用统计模型或量化研究方法，掌握行业运作情况和前景展望。基于应用的角度，可以挖掘并分析目标行业的典型企业及其股份持有者的数据，然后把握行业的整体情况。一旦用于研究的样本容量达到一定规模，全局掌握该领域的真实面貌就相对容易很多。针对金融机构聚焦的个别方面，如光伏、房地产、地方融资平台等，通过构造统计模型，改进相应的监测指标，有利于央行借助窗口指导对商业银行进行风险评估和决策支持。

三是外汇管理和资金监测。国际经贸的兴盛和人民币国际化进程的加速，使得跨境资本流动较之以往日益频繁。大数据技术分析的运用能够整体分析各个系统的相关数据，对涵盖各个币种的所有跨境资金交易开展实时解析和监督反馈，增强外汇监管的精准风险防范和预测作用。对各大外汇系统和银行记录进行对比，能够辅助外汇审查等事后管理工作追踪，可疑数据及其关联交易能够作为现场监管的有效补充，促使监管机构精准定位被监管主体，明确目标，增强工作效果。

其次，其他金融监管机构也可利用大数据进行更加有效的监管。例如，证监会中央监管信息平台的建立将推动大数据在金融监管领域的应用进入新高度。这个平台将目前分散在证券监管领域各个角落的信息集合起来，将囊括机关、派出机构、交易所、行业协会和会管单位等信息系统，既包括交易所数据库，也包括各层级证券监管部门的日常监管、检测数据信息，并对监管业务和流程进行集中再造。

（四）中国征信建设的不足之处

改革开放以来，我国的征信体系建设和征信机构的发展虽然取得了骄人的成绩，但相对于征信发展成熟的欧美发达国家，仍然存在很大差距，还有许多问题是征信平台发展的过程中不可避免和必须解决的，主要包括以下两个方面的问题：

1.技术方面

我国征信系统的数据处理技术亟待提高，硬件基础设施有待全面升级。相较于欧美发达国家，我国征信机构发展起步较晚，缺少数据处理的核心技术，并且数据分析结果不能准确识别个体或组织行为。我国大部分征信公司的大数据技术无法做到弱相关数据变量的建模和分析处理。

此外，目前征信机构通常采用创建本地数据库的方式对其资源进行储存和维护，然而基于大数据日新月异的发展，这些机构的基础设施恐怕难以继续承载和储存迅猛积累的海量数据。征信机构的信息收集与数据库管理技术也与欧美发达国家有一定的差距。

2.数据方面

在数据采集方面，一个主要问题是个人信息数据格式不统一。央行依靠中央人民政府的支持构建了覆盖全国的个人征信系统，每一个省或直辖市政府则自己构建了本行政区的征信系统。当前大多数征信系统都从公安系统获得个人基本信息，并且从银行等渠道获得个人信用交易信息等，而这就会造成不同征信系统上同一个人信息格式不同的情况，这不仅增加了信息采集成本，也为地方与央行征信系统的对接增加了技术难度。

另一个主要问题是征信机构缺乏企业信用相关数据。我国企业的信用数据主要分布在工商、质检、税务、银行等政府和业务部门，只有少部分数据存在于企业。而政府部门的企业数据往往被分割到各个不同部门中，收集难度大，甚至有部分垄断企业数据，征信公司难以获取。此外，要分析衡量企业信用风险，财务报表是最为关键的信息来源。企业征信服务的很多客户是中小企业而非上市公司，此类客户大多不愿透露其报表具体内容。因此，征信机构往往依赖大众传媒的报道、对目标客户的实地考察以及政府机关和公共组织的帮助汇集所需资讯，这些活动耗费较多的时间和财力，对征信业务的推广和完善造成了一定的障碍。

应当积极采取措施，在实践中探索符合大数据征信特点的监管方式和手段，对监管理念加以改进，使其更符合我国实际，以行为监管替代原先的机构监管，削弱征信机构场地、办公环境对征信体系建设的限制，不断加强管理。

综上所述，我国征信环境建设还有很长的路程要走，促进征信市场健康发展任重而道远。

(五) 国外征信体系建设对我国的启示

从总体来看,我国的征信体系建设仍然处于比较落后的阶段,与国外相比,仍然存在较大的差距,需要进一步的发展完善。

1. 拓宽征信体系的覆盖面

同世界上大多数的征信体系一样,我国现阶段的征信体系也存在覆盖人群狭窄,多数人无法覆盖的问题。有相当一部分人群,因为没有信用评分而被银行等金融机构排斥在外。不过,我国现存一些基于征信的小额贷款业务,在一定程度上缓解了此问题。小额信贷能在一定的限额下提供"金额小、期限短、随借随还"的纯信用小额贷款服务,其主要目标客户是小微企业主和自主创业者。这部分客户就是我国现行征信体系没有囊括的人群中的典型代表。虽然小额信贷业务在一定程度上确实扩大了征信体系的覆盖范围,但是对于我国广大没有被覆盖的人群来说,仍是远远不够的。因此,持续扩大征信体系的覆盖面任重而道远。

我国人口基数大,有大量的人群没有被包含在征信体系之中,致使其信用评分偏低,无法享受正常的金融服务。而这一部分人群对金融机构来说将是很大的市场,一旦开发,就可以享受丰厚的回报。因此,拓宽我国征信体系的覆盖面刻不容缓。利用大数据技术扩大征信体系的覆盖面,一方面可以使金融机构更好地平衡收益与风险;另一方面也可以促进社会征信体系的建设完善,使金融发展的便利惠及更广大的人民群众。

2. 扩大征信体系数据来源

目前,我国的金融征信体系随着金融行业的发展以及互联网、大数据技术的进步已经初具规模,但仍尚待完善,其主要不足在于征信的数据来源过于狭窄,使金融机构对客户信用等级的评价受到影响。比如,对于传统金融机构来说,征信数据来源以金融信贷的信用信息为主,证券、保险、信托等其他金融信用交易记录涉及较少;以客户与本金融机构的交易记录为主,缺少信息的互联互通。而对于新兴的电商征信体系来说，其主要数据来源就是客户在电商平台的交易记录和用户行为信息，很少利用来自外部的数据。两者都缺乏数据的全面性，在一定程度上影响了信用信息的准确度。

因此，我国征信体系进一步发展的方向，就是要充分利用大数据技术，建立海量数据的实时数据库，实现多维度的用户行为数据分析。真正做到扩大征信数据的来源，丰富其类型，使其不仅包括客户基本信息、历史交易记录等静态数据，也囊括实时搜索信息、社交行为信息等动态数据。同时通过购买、租用、交换等形式获得来自第三方的数据，完善数据的全面性，以全方位了解客户的信用行为，更好地促进征信体系的发展完善。

3.丰富征信体系运用领域

我国目前已经初步建立了征信体系，但是其主要集中在金融领域，其他领域对征信信息的应用较少，征信体系的实际运用还存在较大的障碍。但是，大数据征信体系的蓬勃发展能够加速征信在行政、商业等领域的运用，已经成为不可阻挡的时代趋势。

我国现行的征信体系，在政府部门、行业组织和地方政府层面均以不同的形式建设着、存在着、发挥着不同程度的作用。在不远的将来，我国征信将形成三大数据体系：金融征信体系、行政管理征信体系和商业征信体系。这三大征信体系从不同的主体出发，处理整合大量数据信息，为社会经济活动的各个方面提供用户的信用信息。我国整体征信体系中的金融征信体系、行政管理征信体系和商业征信体系这三大数据体系相辅相成、互为补充。虽然每个体系各有侧重，但都是为了实现整个社会经济的正常运行，都是我国征信体系不可或缺的重要组成部分。

将征信体系由金融业扩展到行政部门、商业部门，甚至更多的其他领域，一方面可以扩大征信体系的数据收集范围，使征信体系更加完善；另一方面可以推动征信体系的实际运用，使其真正用于实处。目前我国的大数据征信体系还有很大的发展空间，由于当前的征信体系主要是由单个企业运营的，缺少一个总体的统筹规划,对数据信息的大范围应用造成很大的阻碍。因而,征信体系的进一步发展,要加强总体布局,实现统筹发展。

我国的征信体系看似发展得如火如荼,其中却蕴含着很多弊端,如征信覆盖面过窄、征信数据来源单一、征信运用领域狭小等。这些弊端对征信体系的发展提出了很大的挑战。同时,大数据征信体系的建设缺乏有效的法律监管与统筹,存在违反有关管理法规的法律风险。因此,建议通过立法或其他形式明确互联网金融征信的数据采集方式、范围和使用原则,建立互联网金融企业信息采集、使用授权和个人不良信息告知制度。但是,我们也可以看出,征信体系的进一步发展壮大是势不可当的历史趋势,各国都在加强自身的征信体系建设,其未来一定是光明的。

三、大数据生态系统建设

(一)大数据金融生态系统的构成

1.金融大数据需求方

金融大数据需求方是指在金融大数据生态体系中需要金融大数据相关软硬件等资源,以及需要大数据及其技术为其提供金融服务的主体。当前,金融大数据与社会各领域各行各业的交融交汇日益深化,金融插上大数据的"翅膀",促使金融大数据突破了金融机构或金融行业的界限。一方面,大数据技术在某种程度上打破了非金融机构开展金融业务的壁垒,以中国三大互联网公司"BAT"(百度、阿里巴巴、腾讯)为代表的互联网企业纷纷开展金融业务。另一方面,金融大数据所依赖的数据,不仅仅局限于金融数据,更依赖于广泛的支撑金融分析、金融决策的其他行业数据。因此,在金融行业与其他行业、金融机构与其他非金融机构的交汇融通状态下,金融大数据需求方就不能限制于金融行业或金融机构,而是要放在更开放、更包容的金融大数据生态体系中来界定，应当涵盖所有金融大数据需求的主体。

总体来说，金融大数据需求方主要包括金融机构、监管部门，以及其他具有金融大数据相关需求的非金融机构。其中，金融机构包括银行、证券、保险、信托、银联、网终、小贷公司、P2P 公司等；监管部门分为非金融监管部门与金融监管部门，金融监管部门包括央行、政府征信中心、银保监会等，非金融监管部门包括工商部门等；开展金融大数据相关业务的非金融机构，以 BAT 为代表。

2.金融大数据的供给方

金融大数据供给方是指在金融大数据生态体系中提供金融大数据相关软硬件等资源及大数据相关服务的主体。前文已经阐明金融大数据需求方应当放在金融大数据生态体系更加开放、更加包容的有机整体中来界定。同理，这对金融大数据供给方也同样适用，金融大数据供给方不能局限于金融行业或金融机构，而是应当包括所有提供金融大数据相关资源及服务的主体。

总体来说，金融大数据供给方主要包括金融机构、监管部门以及其他提供金融大数据相关资源和服务的非金融机构。其中，金融机构包括银行、证券、保险、信托、银联、网络、小贷公司、P2P 公司等；监管部门分为金融监管部门和非金融监管部门，其中金融监管部门包括央行、银保监会等；提供金融大数据相关资源和服务的非金融机构又可分为政府部门、房产部门等公共服务部门、电信运营商等基础设施部门及专业提供金融大数据服务的新兴机构。

3.金融大数据的交易市场

在国家政策的大力支持以及大数据市场供需日益旺盛的推动下，数据交易逐步落地，大数据交易所、大数据交易中心等数据交易平台得以建立，各个省市对大数据产业的发展都提供了支持和政策引导。各省市也对数据交易进行了积极探索，大数据行业数据交易的兴起，为大数据变现增加了一种途径。目前，各个研究机构均采取间接方法估算大数据产业价值。

金融大数据交易融合在整个大数据交易体系之中，很难将金融大数据单独提出来探讨。就以交易平台来说，提供大数据交易平台，有利于大数据交易的发展，可以提供大数据交易监管和透明化，规范市场秩序，增强大数据变现能力和流动性。同一个交易平台，既是金融大数据的交易平台，也是其他领域大数据的交易平台。目前，我国现有的大数据交易平台主要分为两类：一类是以企业为主导的大数据交易平台，另一类是由政府主导的大数据交易中心。

总体来看，尽管我国数据交易市场得到了政府的大力支持，多种类型的交易平台陆续建立，交易规范及交易标准逐步完善，交易内容品类日益丰富，产业规模快速增长，但数据交易产业仍处于初级探索阶段，数据交易市场仍然存在数据交易缺乏标准、交易规则理论亟待创新、跨学科人才缺乏等问题。

（二）大数据金融生态环境构建面临的挑战

目前国内众多金融机构已经普遍实现了从生产、交换、管理到应用的数据使用流程，并且这些金融机构也掌握着庞大的数据资源。在新的大数据金融生态体系中，金融机构对数据的收集、管理以及数据的价值提取方式将会发生巨大的变化。由于大数据应用改变了数据处理流程，生态系统中微观金融机构将面临一系列关于大数据处理的基础性问题。

（1）如何将大数据处理技术融入现有企业的 IT 架构中。面对新的大数据应用，金融机构要对原有的应用架构和数据架构进行重新规划与设计，而这将会对公司的 IT 结构产生重大的影响和改变。为适应大数据的应用，金融机构需要构建必要的大数据基础设施，包括硬件与软件，以实现获取、存储、分析和利用原来未纳入范围的数据。

（2）如何进行海量数据的系统集成与有效整合。金融机构面临的数据类型多样、来源广泛，既包括金融机构传统的交易系统结构化的业务数据，又包括来自外部社交网站等数据，甚至是图片或影音等非结构化数据。只有有效地整合不同来源和不同类型的数据，打破传统的结构化数据和非结构化数据之间的壁垒，才有可能充分地利用企业所掌握的数据资源，才能构建完整的企业大数据信息视图。同时，金融机构需要打破传统数据源的边界，通过各种渠道获取客户的信息，整合信息渠道，使信息能从整个大数据链条上获取，而不仅仅是链条上的某些点。与此同时，大数据传播速度快的特征也为数据的整合带来了挑战，由于数据充分融合后难以分辨真正的来源，数据采集渠道的鉴别与合理利用就成了数据整合的关键。

（3）随着对大数据需求的增加，相应的技术更新也不得不加速推出以适应新的形势。大数据存储及计算技术基于其具有的非共享分布式架构能对超大规模的数据进行处理，并且集群可最多拥有上万个机器节点。但是此类技术的成熟度与稳定性还值得考量，在运用过程中会在系统搭建、监测和维护等方面对商业银行提出挑战。

构建大数据金融生态体系是未来大数据金融稳定持续发展的重要保证。首先，当前我国正处于大数据金融蓬勃发展的黄金时期，大数据金融发展面临着良好的政策、经济、技术和交易等外部环境，也迎合了金融业内部发展要求。各方面有利因素为大数据金融的发展提供了良好的环境和空间，我国政府应主动抓住机遇，缩小与发达国家间在大数据金融实力上的差距。其次，尽管大数据为金融行业乃至整个经济发展提供了强大的动力，但也要充分认识到：大数据金融只有在有效监管的前提下才可以实现健康可持续地发展。从监管的角度来看，虽然大数据能助力金融监管机构更好地监管金融行为，但大数据本身所存在的风险也需要得到及时有效的识别和控制。最后，对于大数据金融的未来发展，我们要充分认识到其中可能遇到的挑战，只有认识到问题所在，才能推动大数据产业朝着更稳健的方向发展。

四、基于大数据的网络借贷企业风险管理应用

基于数据治理的金融监管决策模型可以在众多金融领域进行应用。作为推动普惠金融发展的重要力量，互联网金融特别是 P2P 网络贷款在弥补传统金融覆盖面不足的同时，也带来了新的风险，同时各类创新业态的出现也给金融监管带来了新的挑战。

（一）数据共享与融合

对于这些互联网金融企业来说，由于存在监管套利空间，导致其逃避监管的动机和空间都比较大，相应的风险则存在于平台备案资料、交易过程之中，而以大众媒体报道、网络评论等为代表的信息则预示着平台风险的信号。同时，各类相关数据并行存在于政府相应的职能部门而非统一监管部门，如工商部门、税务部门、金融监管部门等，亦存在于企业官网、财务报表等信息披露源，以及媒体报道和网络评论中。在利用大数据技术进行 P2P 借贷风险管理时，首要的工作就是整合政府方面的各渠道数据，建立数据共享平台。

建立政府数据共享平台需要打通来自不同级别的政府数据以及来自政府不同职能部门的数据，以实现已有信息资源的互联互通和共享共建。建设这一平台的核心是建立政府间信息资源的共享机制，通过建立政府间的大数据中心和信息交换枢纽基础设施，实现监管信息的及时有效传递，政府政务及时发布，企业办事流程高效运转，并同时实现经济活动的跟踪记录。

对于 P2P 网贷平台来说，最终出现各类风险可以归结为两个方面的原因：一是在平台建立之时就暗藏的各类隐患，包括企业成立时的投机动机、核心资本不足、主要管理人员的能力不够等；二是在企业发展过程中出现的经营因素，如为提高市场占有率鼓吹的激进口号未能兑现，风险控制意识不强、手段不过关，未能及时应对各类监管新规等。显然，各类经营过程中的因素具有更强的

不确定性和随机性，需要更加稳妥的应对。

为稳妥应对这种风险，需要在构建的政府数据共享平台的基础上进一步采集与之相关的各类互联网和第三方数据，以便能够更好地分析真正的风险来源和诱发因素。总体来说，可以将这些数据分为静态数据和动态数据两类。

静态数据相对容易采集和分析，主要是指平台成立之时所具有的相关信息，如成立时间、注册资本、股东背景、业务模式等。动态数据则涵盖了包括经营信息在内的各类内外部数据。其中，经营信息主要包括交易规模、利率结构、手续费率、借款期限、投资者人数及构成、借款人分布、借款用途、资金流动情况等。其他相关信息来源更广，但在一定程度上更具客观性和说服力，包括相关媒体报道，如涉及特定企业的正面或负面报道、行业地位，各类媒体榜单排名、监管机构点名、高管访谈，以及各类报道出现的具体时间、关键词等，也包括这些媒体报道下的网络评论等。这些都可以在一定程度上为相关企业进行特定舆情环境下的精准画像和风险扫描。

因此，应该选择更为广泛的数据来源，如主要门户网站、财经专业网站、P2P 网贷平台的官网、主要的网贷社区、主要的社交媒体等，以获得更多维度的相关风险信息，为最后的风险管理提供依据。

但这些数据的非结构性质为后续治理增加了难度。这些数据的表现形式以文字描述为主，其所提供的信息都是隐藏在文字描述背后的，需要通过文本分析技术转换为结构化数据才能进行处理。而不同来源的文字信息则具有多源异构性，不同源的信息表达方式如具体内容、语气、维度等都有所不同，必须通过建立关键词标签库，结合行业专家意见和人工智能、机器学习等进行进一步的理解和结构化处理。

（二）基于机器学习的网贷企业识别和风险判断

利用机器学习，可以将经过标注的网贷平台作为学习样本，建立平台内的特征库和标签集，从而自动识别网贷平台上内容与业务的相关性，最终实现对此类企业的身份识别。

同时，可以利用知识图谱技术，建立以网贷企业为中心的知识图谱，而相应的节点则包含企业的相关信息，如法人代表、股东成员、注册时间、注册地、相关产品和业务等，并通过这些节点与其他相关企业进行连接，绘制成完整的网贷企业风险管理图谱。这种图谱体系可以辨识各企业之间的关联程度和相似程度，而相应的风险情况则也必然有所关联和相似。如果某一企业被认为是高风险的 P2P 网贷企业，那么图谱体系中，与之有着高度关联的其他企业也很有可能面临着高风险，因为它们可能具有同样的企业法人、股东，或者具有极其相似的产品设计和经营模式，或者具有高度关联的债权债务关系等，而这些都可以通过这种图谱体系得以展现。

对于那些非结构性的文本类信息，在对其结构化处理的同时，还有必要挖掘文本里的用户情感信息，因为这些舆情情感信息表达着利益相关方对网贷平台和网贷市场的意见，这些意见很多时候可能成为风险的预警指标。当然，对于大量的无效信息也需要进行排除，而那些同质的或重复的信息则表达了某种情感的激烈程度，需要加以考虑。

我们可以利用 UGC（用户生成内容）方法对这些舆情信息的密度、情感倾向、用户权重等进行评分，以明确这些信息在风险应用中的不同重要程度。那些更多维度的评价信息、有互动的信息、主流媒体的信息等显然应该得到更多关注。根据情感分析的结果，可以对不同的平台进行不同风险程度分类。

（三）基于深度学习的风险指数量化

网贷平台的风险指数量化是指以平台的特征集合为输入，输出介于 0~100 的风险量化评分。其中的特征集合包括静态数据构成的静态特征集合、动态数据构成的指数特征集合、网站新闻特征集合以及社交媒体动态评论特征集合。若平台得分为 0 意味着是问题平台，而得分为 100 则表示平台正常运营。具体的风险量化分值应该具有以下基本性质：

一是需要有一个适当的风险阈值，平台得分低于此阈值意味着其是问题平台的概率非常大，而高于此阈值则意味着其是正常平台的概率非常大；二是问题平台的风险量化值应该尽可能低并且接近于0，而正常平台的得分则应该尽可能高，且接近于100；三是如果对所有的平台按照风险量化分值从高到低进行排序，那么排在前面的平台中正常运营平台的数量应该显著大于问题平台的数量。

可以说，对网贷平台进行风险量化实际上是一个二分类问题，以尽可能明确地把所有平台区分为问题平台和正常平台，而这三个基本性质则可以成为判断深度学习模型是否具有良好性能的标准。可以利用神经网络进行深度学习，以构建这样的量化模型。无论是单个数据值还是数据值序列，无论是数据值、类别值还是文本数据，都可以直接或经过转换处理进入神经网络的学习过程，从而构建神经网络深度学习模型，最终输出与平台自身相吻合的风险指数量化数值。

第六章　公共管理视角下中国金融风险防范

第一节　中国的金融系统

中国的国民经济系统经过了一个由计划经济向社会主义市场经济转型的过程，属于转型经济体，而且采用的是可控的、渐进式市场化方法。中国的金融系统也通过改革由"大一统"金融系统模式转变为与社会主义市场经济相适应的二级金融系统模式。

一、中国经济发展基础概况

（一）中国经济发展状况

在一穷二白的基础上，中国借助社会主义制度的优势，通过以农养工的方式，执行进口替代战略，推进跨越式工业化战略，建立了门类齐全的工业体系。进入 21 世纪之后，发展起来的中国工业反哺农业力度逐步加大，并带动了服务业的快速发展。当前，中国三大产业呈现齐头并进发展态势。

首先，中国三大产业发展态势良好，产业结构不断优化。中华人民共和国成立之后，中国一直致力于国家富强。在计划经济时代，中国通过国家计划推行进口替代型国家经济发展战略，建立了完备的国民经济体系。1978 年，中国实行改革开放政策,产业结构不断优化,生产力得到进一步解放,国家综合实力迅速提升。当前,中国国民经济第一产业大致占国民收入的10%,第二产业大致为40%,第三产业大致为50%。这说明,第二、三产业是中国收入的主要来源。而且,按照产业结构发展规律,随着中国经济的发展,第二、三产业将进一步复杂化、成熟化,规模进一步扩大,第三产业占国内生产总值的比例将继续上升,第一产业的比例将下降。这几年中国经济的发展趋势也证明了这一点。改革开放之初,中国外汇极度短缺,国家只能实行强制结售汇制度,集中有限的外汇资源用于国民经济发展最需要的环节和部门。现在,随着实体经济的大发展,中国已经由外汇匮乏时代进入资本富裕时代。根据发达国家的经验,人均国民收入超过2 000美元时,该国就进入了资本输出时代。因此,中国经济将伴随中国企业"走出去"战略的实施而走上资本输出的道路。由于金融服务业的带动,在实体经济走上国际化道路的同时,中国的第三产业将迎来一个国际化发展的辉煌时期,即中国的第二、三产业在国民经济中的比重还将继续提高,产业结构将继续优化。

其次,中国经济保持了较长时间的稳定高速增长。改革开放之前,中国在计划经济体制下,经济增速创出了新高,随后进入稳定期。1978年改革开放之后,中国经济进入稳定增长期,1992—1995年保持了连续4年10%以上的高速增长。2008年,国际金融危机爆发后,由于世界经济整体下行,中国对国际市场的依赖性较强,除2010年取得了10.64%的增长之外,其他年份中国经济增速都是个位数,并出现连续7年的下滑。2017年,随着世界经济触底反弹迹象的出现,以及中国"一带一路"倡议成效的显现,中国经济增速结束了连续下滑的态势。可见,随着中国供给侧结构性改革效果的显现,"一带一路"倡议带来的中国市场和沿线国家市场的互利共赢谐振效应加强,中国经济继续保持中高速增长已是大概率事件。

总之,中国拥有由庞大的人口带来的巨大的消费市场,由城镇化带来的巨大的基础设施投资市场,拥有与世界各市场的良好产业链和价值链连接关系。

因此，中国经济将继续快速增长，成为世界经济重心东移的承接地。

（二）中国涉外经济发展状况

中国对外贸易规模总体上行。中国是世界贸易组织成员方，实行自由贸易制度。改革开放以来，中国对外贸易的主体形式是加工贸易，无论是出口还是进口都呈现快速增长态势，而且绝大部分时间都是顺差。2008年国际金融危机之后，欧美市场萎缩，中国对外贸易受到很大冲击，进口价值指数和出口价值指数都出现了拐点。但是，由于产业升级，中国的出口价值指数受到冲击的程度要小得多。

展望未来，供给侧结构性改革推动了中国产业结构升级，"一带一路"倡议推动了中国国际市场产业结构转型，中国对外贸易将迎来更大发展。基于世界第一的制造能力以及创新性大国的创建，近年来，中国对外贸易将不断升级，而且贸易顺差将随着商品附加值的增加而大幅增加。

中国国际收支长期保持增值，而且拥有世界最大规模的国际储备。中华人民共和国成立初期，中国外汇储备极少，很难满足国家建设对进口的需要。为此，中国实行外汇管制，把有限的外汇储备投向急需资金的工业建设行业。改革开放之后，中国以丰富而廉价的劳动力参与国际经济大循环，大力发展加工贸易，带动一般贸易，使中国贸易顺差大幅增加，外汇储备规模也快速发展到冲击4万亿美元的程度，彻底告别外汇短缺时代，并迅速发展成国际资本输出国。2008年国际金融危机之后，中国国际储备规模出现下滑，一度出现突破3万亿美元的程度。但是，随着中国"一带一路"倡议成效的显现，中国国际市场空间结构更趋平衡，中国对外贸易逐步止跌回升，中国国际储备规模下降趋势也迅速扭转。

总之，中国经济发展具有深厚的资源基础支撑，三次产业结构不断优化，涉外经济进入了良性循环，能够有效维护国家经济安全，发展前景向好。

二、中国金融系统结构组成

目前，经历了渐进式转轨的中国金融系统，已经由一级金融系统转变为与市场经济相对应的二级金融系统。当前的中国金融系统由金融监管主体和金融市场主体两部分组成。前者由中国人民银行、中国银保监会、中国证监会三部分组成，后者由银行市场主体、证券市场主体、保险市场主体和外汇市场主体等组成。

（一）中国金融系统的监管主体

中国金融市场的监管主体号称"一行两会""三驾马车"。其中，中国人民银行是中国的中央银行，根据2003年《中华人民共和国中国人民银行法》的规定，依法制定和执行货币政策，专门监管银行间同业拆借市场和银行间债券市场、外汇市场、黄金市场，防范和化解系统性金融风险，维护国家金融稳定。中国银保监会统一监管全国银行、金融资产管理公司、信托投资公司及其他存款类金融机构，以及全国保险市场；中国证券监督管理委员会对全国证券、期货市场实行集中统一监管。这种监管模式被称作金融"分业监管"，与之相应的是"分业经营"，即银行业、保险业、证券业各自经营与自身职能相对应的金融业务，不能混业。但是，从2004年起，为适应混业经营的发展需要，中国银保监会、中国证监会建立了联席会议制度，共同协调中国金融监管工作，堵塞分业监管的漏洞。近年来，由于我国国际收支形势的急剧变化，人民币升值预期强烈，热钱纷纷流入中国牟利。为应对这种局面，在国务院的协调下，与金融监管相关的部级协调机制也建立起来，共同维护国家金融安全。值得一提的是，这些部委单位本来就是国务院的下属单位，国务院本来就有一位副总理分管金融工作。所以，国务院本来就是金融监管机构的上级决策部门，可以协调财政部、中国人民银行，甚至公安部、安全部等部委，共同应对金融安全问题。

（二）中国金融系统的金融市场主体

除了金融监管主体，中国金融系统的组成部分还有各个金融市场主体。在货币市场和外汇市场上，银行、企业、国际投资公司、外汇指定银行和政府都是国内基础利率和汇率形成的参与主体；在银行市场上，国有商业银行、政策性银行、股份制银行、信托投资公司、邮政储蓄、城市和农村信用合作社、金融租赁公司和财务公司等都是活跃的银行市场主体；在证券市场上，各种上市公司、证券公司、证券投资基金公司，甚至信托公司，目前又出现了产业发展基金、私募基金等，都与各种证券业务有关，或者为生产企业提供资金，或者帮助生产企业获得资金；在保险市场上，各种人寿保险公司、财产保险公司、再保险公司、担保公司等，都是为资金数额较大项目提供保险或担保、分散风险的保险市场主体。

概言之，作为实体经济的资源配置辅助系统，中国金融系统是由监管主体、资金供给主体和资金需求主体三类主体构成的。资金供给主体根据业务领域分属不同市场，为生产企业提供从融资到分散风险再到货币转换等不同性质的金融服务。资金需求主体则是实体经济和虚拟经济的结合点，通过资金实现社会资源的社会配置。监管主体制定市场法律法规，维护市场的运行秩序，保证金融企业对生产企业提供金融服务所需的环境，并为提高金融服务效率创造条件。

三、中国金融系统要素间的作用模式

中国金融系统虽然实行的是分业管理的金融监管模式，但是其各个组成要素并不是孤立的，而是依据一定的作用模式，决策机构之间横向联系、作用，形成决策网络；决策机构和市场主体之间纵向联系、作用，形成政策传导链。

（一）中国金融系统决策机构间的运作模式

目前，中国金融系统的决策中心是中国人民银行、银保监会、证监会，三家决策中心分别在各自的管辖领域扮演着决策管理者的角色。经过多次的调整，中国人民银行最终固定在中国央行的位置，现在的辖区是银行间同业拆借市场和银行间债券市场、外汇市场、黄金市场。在这个领域，中国人民银行根据防范系统性风险和人民币币值稳定的要求，以及国家经济发展的整体战略部署，通过基础利率调整和市场流动性管理调整，以及对外汇市场的干预，达到政策目标。而银保监会则根据国家整体战略部署，依据银行业和保险业的发展状况，统一监管全国银行、金融资产管理公司、信托投资公司及其他存款类金融机构，以及保险公司，消除潜在风险，保证银行保险系统的正常运转，提高资金配置效率和盈利水平。证监会根据国家经济整体战略部署和证券市场的状况对全国实行集中统一监管，防范证券市场和期货市场风险，维护证券和期货市场秩序，保护投资者的利益，推动证券市场和期货市场的发展。总之，这三个部门在各自的监管领域都具有最高的决策权力，但都围绕国家的整体布局展开工作。

三个部门分兵把守不同的关口，维护国家经济安全，但并不是各自为政。在维护国家金融安全、促进国家经济发展方面，三个部门是协调一致的。由于分兵把守，难免在几个部门监管的结合部留下监管空隙、潜藏金融风险，难免由于协调不一致而导致整体协同不够，影响国家的整体战略部署。所以，通过国务院的协调，这几个监管部门之间就建立了部级协调机制——监管联席会议，甚至国家的一些强制力部门也介入了这个行动，比如公安部、国家监察委员会等。这样，一个部门就能知道另一个监管部门所做的工作，主动配合其他部门的监管行动，集体维护国家经济安全，实现无缝监管。同时，一个部门通过其他部门的工作也能发现一些存在于本部门中的风险线索，顺藤摸瓜，解决本部门存在的问题，有利于做好本领域的监管工作。

所以，在国务院的协调下，中国金融系统的决策系统采取的是分工合作的机制，一方面保证了本部门监管的主动性，另一方面通过联席会议机制消除了监管交集地带的监管盲区，既保持了分业监管的长处，又借鉴了集中监管的优点，适合中国幅员辽阔、情况复杂的国情。

（二）中国金融系统的政策传导链

中国金融系统的政策是沿着各个领域金融监管组织系统依次向下传递的。就中国人民银行系统来讲，除了贯彻执行国家的大政方针，中国人民银行还根据国家经济发展的阶段性重点以及货币市场的具体情况决定具体的方针政策，制定具体的法律法规。然后各大区行以及各中心支局结合本地情况贯彻执行总行的方针政策，形成全国一盘棋的监管态势，保证货币市场、黄金市场和外汇市场的秩序。比如，中国人民银行系统监管外汇的主单位国家外汇管理局的决策模式就是这样：国家外汇管理局根据人民银行的整体安排，结合各分支机构提供的信息，确定工作重点，制定各领域的工作方案；各分支机构根据国家外汇管理局的工作重点开展工作，维护国家外汇市场秩序。银保监会系统的政策传导链与中国人民银行系统相似。证监会首先根据国家经济的整体战略部署制订本系统的工作计划，然后根据各分支机构提供的证券、期货市场运行情况确定本系统的工作重点，出台政策法规。各分支机构依据全系统的整体布局结合本地情况开展金融风险防范工作。

这里需要特别提出的是，联席会议机制并不能形成具体的决策，但是能够交流监管信息，协调监管行动。这个机制能够对各系统的监管起到修正和协调的作用，推动各系统更加准确地决策。联席会议上的信息能够通过各系统的组织系统向下贯彻，形成一条起源于联席会议的政策传导链。

总之，中国金融系统的决策主要来自各系统的总机关，三大部级决策机构是各系统的政策源头，并接受国务院的整体协调领导。各系统的政策传导依靠的是各系统的组织系统，即分布于全国各地的各级分支机构。

四、中国金融系统发展的基础

新中国成立以来，中国实体经济发生了翻天覆地的变化，实体经济结构的变革为中国金融系统的发展提供了根本保障，金融系统基础设施的建设为中国金融系统的进一步发展奠定了坚实基础。

（一）中国金融系统发展的实体经济基础

中国实体经济的发展对金融系统的发展提出了新要求。当前，根据中国国家统计局的统计数据，中国国民经济第一产业占国民收入的比重约为10%，第二产业约为40%，第三产业约为50%。而且第二产业和第三产业的企业种类繁多，地域分布广泛，资金需求差异较大。第二、三产业的进一步复杂化和国际化，为我国金融系统的进一步发展奠定了坚实的基础。实体经济的发展必然会推动金融系统朝着满足实体经济发展需求的方向发展，力求网点多，地域分布广，服务产品种类多，而且要适应当地具体情况。根据实体经济的发展趋势以及实体经济与虚拟经济的互动规律，中国的金融系统在空间上将突破国界限制随中国企业走向世界，实现国际化；同时在功能结构上，也要求实现中国国家金融系统功能结构与国际金融系统功能结构的连接，即中国金融系统的价值网将与国际金融系统的价值网交织在一起，最终实现并网。金融系统功能结构的复杂化，要求金融监管系统作出适应性调整，以保证金融系统安全。

中国实体经济的复杂化、国际化发展趋势表明，中国金融系统无论是在功能结构上还是在空间结构上，都将迎来一个大发展时期，国际化、复杂化将是其主要特征。中国的金融监管将立足区域或全球以保障自己的安全，纯粹的"阵地保卫战"既无法保障中国的金融安全，也无法适应国际形势。

（二）中国金融系统发展的金融基础设施

中国金融市场已经具备进一步国际化的基础。金融市场包括金融主体和金融运行规则两部分，前者是指从事金融业的机构或个人，后者是指金融市场运行的法律、法规和制度。如果金融主体核心竞争力强，金融市场运行机制完备而健全，那么这个金融系统遭遇金融风险的概率就低，反之亦然。虽然中国在金融主体核心竞争力建设方面还有很多工作要做，但已经取得显著成效；虽然中国金融市场法律法规及运行机制建设还有待完善，但基本的框架体系已经建成。总之，中国金融基础设施已经为金融系统的国际化做了一定准备。

首先，中国金融市场主体已经完成从一级金融系统下的政府机关到二级金融系统下市场主体的转变。而且，从中国金融系统发展的历程来看，在国家的推动下，我国金融系统已经具备一定的竞争实力。一是内控能力建设按照巴塞尔委员会标准进行；二是财政部通过发行特别国债向银行注资，改善了国有银行资本充足状况，如成立资产管理公司，剥离银行不良资产，提高银行资产质量；三是银行上市融资，扩大了银行资产规模，提高了核心竞争力；四是证券业、保险业通过治理整顿市场秩序和重组等措施增强了微观主体的核心竞争力。可以说，在市场经济弱肉强食的规则下，中国金融市场主体增强核心竞争力的措施已经实施，形成了潜在核心竞争力。但由潜在核心竞争力转变为现实竞争力还要经历许多市场风雨的洗礼，需变行为规则为行为习惯，市场习惯还需要进一步驯化。也就是说，中国金融市场主体的各项硬指标都已经存在，关键是还要驯化出一些核心竞争力所需的软元素以及在国际金融市场中生存的实际经验，这些要在国际化的舞台上完成。

其次，就金融市场的法律法规建设来讲，中国已经进行了针对金融市场的立法工作，基本的金融市场法律法规都已经建立，如《中华人民共和国中国人民银行法》《中华人民共和国商业银行法》等。但是，中国有些金融立法还亟待进行。而且，更为重要的是，中国的法律法规如何形成真正的约束力和强制力是一个亟待解决的问题。

最后，中国的金融系统，由于对微观主体的培育和推动，金融市场法律法规的初步建设，已经具备相当强的抵御金融风险的能力。但是，金融主体抵御金融风险的能力尚需提高，金融法律法规尚需健全，中国金融系统的隐患还有很多。特别是中国的金融主体还都生活在资本市场没有开放的温室环境中，是否能够应对国际金融市场上的激烈竞争还需时间的检验。

总之，中国的金融系统已经具备了市场化生存所需的基本生存本领和竞争力，已经能够抵御常规金融风险。但是，由于金融主体市场行为的非原生性，法律法规尚需完善，法律法规与行为主体之间尚需磨合，中国的金融市场主体要成为强者尚需磨炼。

第二节　中国的金融系统风险防范

通过研究可知，金砖其他四国——巴西、俄罗斯、印度和南非四国的金融系统都属于赶超型实体经济发展战略下的金融系统，只是四国经济基础不同而表现形式有所不同而已。总结四国金融系统设计及其风险防范机制的经验和教训，意在为中国提供参照坐标，防范金融风险，制定适合中国国情的金融发展战略。

在内外因素共同作用下，金融系统由低级向高级、由简单向复杂演进，这就是金融系统的发展过程。推动金融系统发展的内因是金融市场主体与监管主体之间的矛盾运动。另外，政府通过修正金融市场主体行为来保证金融系统整体的安全，这也间接维护了市场金融主体的安全，在国家金融发展战略中发挥着举足轻重的作用。因此，考察清楚影响和决定中国金融系统发展变化因素的发展规律和发展态势，借鉴其他国家金融风险防范的经验，把握好政府扮演的角色，对我国金融系统的发展至关重要。

一、四国金融系统设计与风险防范机制的启示

金砖其他四国的金融系统都是围绕国家发展战略而设计的。巴西的金融系统属于原生型金融系统，是为了满足巴西"进口替代型"的实体经济发展需要而设计的；俄罗斯的金融系统是转轨型金融系统，反映了苏联解体后急于达到西方发达国家金融系统标准的迫切需求，也是一种赶超色彩较浓的金融系统；印度的金融系统属于国家资本主义型金融系统，反映了印度独立后急于通过国家政权的力量赶超世界先进水平的愿望；南非的金融系统是在金融市场自然演化的基础上逐步完善而成的，致力于满足国民经济稳定快速发展的需要。

（一）金砖其他四国金融系统设计和风险防范的原则

虽然金砖其他四国的金融系统设计和风险防范原则各有千秋，但通过对比分析四国金融系统设计和风险防范机制，我们不难得出以下三点结论：

第一，虚拟经济是由实体经济决定的。实体经济不仅决定虚拟经济的形式，还决定虚拟经济的内容；实体经济的发展决定虚拟经济的发展方向和未来前景。实体经济通过资金需求结构决定金融市场内容，进一步决定金融监管机构的设置，即实体经济发展阶段和规模结构决定金融系统的阶段性和规模结构。

第二，金融系统的基础是金融市场，金融市场的发展阶段和规模决定了金融监管机构的结构和发展前景。金融市场主体之间的相互作用决定了金融系统功能结构的复杂程度、资金链条的复杂程度、资金链条断裂的可能性大小，从而也就决定了金融监管机构所要面临的监管任务。因此，金融市场的发展阶段和规模决定了金融监管机构的结构和发展前景。

第三，金融风险防范机制的选择决定于金融市场的发育阶段以及金融监管机构的设置，即决定于存在的问题和可供选择的手段。解决金融风险防范问题没有万能的钥匙，只能根据金融市场的发展阶段具体问题具体分析。

（二）中国从金砖其他四国实践中得到的启示

与金砖其他四国一样，中国也是发展中的转型国家。作为转轨经济的发展中大国，中国在借鉴其他金砖国家的经验，调整金融系统和进行金融风险防范机制选择时，要遵循以下三大原则：

第一，一定要根据中国实体经济发展的阶段及实体经济资金需求指明的方向来制定并调整中国金融系统的发展规划。虽然可以适度前瞻，但一定不能脱离本国实体经济的资金需求。

第二，金融系统调整的决策依据是金融市场的现状和未来发展前景，根据金融市场的状况调整金融监管机构的设置，优化整个金融系统。随着中国金融市场的发展及金融风险的变化，中国金融监管机构的设置也可以进行适当调整。

第三，中国要以三大类金融风险防范为目标，制定中国的金融风险防范措施。目前，在牙买加国际金融系统下，各国面临的风险只有三大类：微观金融风险、系统性金融风险和跨境资金流动可能引发的外源性金融风险。在风险防范措施的选择上，要综合考虑所面临的风险和可以调动的监管资源。

总之，在市场经济下的金融系统中，效率最高的就是二级金融系统。在当前条件下，各国面临的金融风险种类一定，而且所有的金融风险都是监管机构设置与金融市场协同的结果。因此，中国在金融系统建设中要以实体经济建设为基础，保持金融市场和监管机构的协同共进；避免照搬照抄，要立足本国金融市场情况；针对三类金融风险的走势，分清重点，制定政策法规，调整金融监管机构设置，实施具有针对性的金融风险防范措施。

二、中国金融系统功能结构与风险防范实践

中国的社会主义市场经济体制是计划与市场相结合的经济管理体制,市场是基础资源的配置手段,而计划始终是指导中国经济社会发展的红线。为了执行国民经济发展规划,国家会在不同的时期提出具体的工作重心,各个经济部门围绕这个重心开展工作。金融领域也是如此,即围绕国家发展规划配置金融资源。目前,中国金融系统采取分业经营、分业管理的方式。但是,实际经营过程中也存在混业经营的情况,正如中国人民银行原副行长吴晓灵所说,现在不是允许不允许混业经营的问题,而是混业经营如何监管的问题。中国金融系统的功能结构就是建立在这种现实基础之上的。

(一)中国金融系统的功能结构

中国的银行业、证券业、保险业已经初具规模,能够为企业提供资金支持,呈现"多龙头供水"的格局。因此,要分析中国金融系统的功能结构,就必须打破行业界限。但是,中国金融系统的价值链和价值网十分复杂,为了分析清楚中国金融系统的价值网,就必须从某个行业入手。就银行子系统来讲,银行是企业间接融资的主渠道,其价值应该是从储户到银行再到生产企业(广义地讲也包括政府和个人这样的资金需求者),并经过银行和企业构成一张互相连接、互相影响的价值网络。但是,企业又可以通过发行企业债券或股票从证券市场直接融资。这样,价值链就从银行子系统连接到了证券子系统。而证券子系统的资金是通过投资者直接投入或通过机构投资者融资得来的,所以价值链就自然延伸到银行子系统或保险子系统,进一步与投保人或储户连接起来。由于QFII(合格境外机构投资者)制度的实施,证券子系统又把价值链延伸到国外的机构和个人,把融资的触角伸到外汇市场,把国际投资的机构和个人也连接到中国金融系统的价值网上。QDII(合格境内机构投资者)制度的出现也为

国内市场资金进入国际市场打开了通道。所以，中国的金融系统是一个四通八达的价值网络，功能结构十分复杂。各种金融控股公司出现后，把触角伸到多个领域进行投融资活动，全方位地调动资金，更加剧了中国金融系统的复杂性。正是因为中国金融系统功能结构的复杂性，虽然某个节点的断裂可以通过其他链条补充价值的不足，但是一个节点断裂后的波及效应也很强烈，某个金融机构的破产可能造成大面积的连带经营困难，迅速引发系统性风险，甚至爆发金融危机。所以，金融风险防范是当前中国金融监管的重中之重，特别是在热钱大量流入的形势下。

（二）中国金融风险防范实践

所有金融风险的出现都是由于金融主体或金融系统的结构性变化（局部大量网点同时出现危机）改变了资金链或资金网的功能。从系统论的角度看，金融风险防范的本质就是金融监管机构通过调整金融系统本身的功能结构，保持价值在价值网络中的均衡分布，平衡需求和供给，使自己保持稳定，提高资金配置效率。

具体到中国金融系统来讲，金融系统功能结构时刻存在衰退的可能，同时也存在三种类型的金融风险：微观金融风险、系统性金融风险和外源性金融风险。在中国金融系统转轨的过程中，特别是东南亚金融危机之后，中国政府采取有力措施着力加强对这三种类型金融风险的防范。

1.加强对微观金融风险的防范

中国金融监管当局在党中央、国务院的领导下加强了对微观金融风险的防范。在建立二级金融系统的过程中，国家逐步把国有专业银行推向市场，把它培养成具有市场竞争力的金融市场主体。

一是通过垄断的办法使它们立足，然后培育其面向市场的经营机制，由机关式管理方式逐渐培育出企业化管理方式。

二是明确银行间的借贷关系，逐步强化银行的资金约束，由"统一计划，分级管理，存贷挂钩，差额包干"的信贷资金管理办法过渡到"统一计划，划分资金，实贷实存，相互融通"的信贷资金管理办法，将中国人民银行与专业银行的资金往来由计划指标分配关系改为借贷关系。在此基础上，国家成立了国家开发银行、中国进出口银行和中国农业发展银行三家政策性银行，承担四大专业银行的政策性金融业务。国有独资商业银行建立商业银行经营机制，与所办经济实体脱钩，强化内部管理和风险控制，改进金融服务，真正从事商业金融业务。

三是强化银行资金约束，实行严格授权授信制度，取消贷款规模限制，实行资产负债比例管理，打破利益分配上的大锅饭，全面推行责、权、利相结合的企业化管理改革，将经营效益和资产质量纳入对四家银行管理者的考核，实现由行政评价向经济评价的转变。打破银行间的业务限制，银行在金融市场自主发展，使专业银行真正成为自负盈亏的企业。国有商业银行建立经营绩效和风险内控机制，实现自主经营、自担风险、自负盈亏、自我约束。通过这一系列的措施，国有专业银行转变为能够自我应对金融市场风险的市场主体。

四是进行金融市场主体多样化建设和股份制改造，按照现代企业制度的标准，着力打造具有更强竞争力的市场主体。招商银行、中信银行、中国光大银行、华夏银行、广东发展银行、福建兴业银行、上海浦东发展银行等一批新兴股份制商业银行产生，增加了国内金融市场竞争烈度。同时，推行董事会制度，对国有银行进行股份制改造，提高国有银行的经营管理水平。

2.加强对系统性金融风险的防范

中国金融监管当局在党中央、国务院的领导下加强了对系统性金融风险的防范。金融系统微观风险向系统风险转化必然经过两个途径：一个是单个金融主体风险爆发后的连带效应，即多米诺骨牌效应；另一个是多个微观金融主体存在的风险集中爆发导致的金融系统风险。中国金融监管当局预防这类风险所做的主要监管工作如下：

一是摆脱地方政府的掣肘，提高央行监管效率。1998年，为减少传统的行政区划导致的地方政府对中央银行执行宏观政策的掣肘，中国人民银行改按经济区划在全国设置九大跨省市的分行（外加两个营业管理部），撤销了省级分行建制，彻底改变了按行政区划设置分支机构的框架，为提高中央银行金融监管效率、提高风险防范能力铺平了道路。

二是实行监管的专业化，以及分业监管。鉴于东南亚金融危机的教训，1998年4月，中国证券监督管理委员会成立，负责证券市场监管。1998年11月，中国保险监督管理委员会成立，负责监管全国商业保险市场。2003年4月，中国银行业监督管理委员会成立，统一监管银行、金融资产管理公司、信托投资公司等金融机构。2018年，国务院机构改革方案提出，将中国银行业监督管理委员会和中国保险监督管理委员会的职责整合，组建中国银行保险监督管理委员会。中国人民银行的主要职能转变为制定和执行货币政策，更好地发挥中央银行在宏观经济调控和防范与化解系统性金融风险中的作用。

这些机构设置和职能分工的调整，适应了中国金融市场的实际情况，实现了专业监管与总体监管的进一步分工，便于在区域层面实施监管，提高了防御系统性风险的能力。

3.加强对外源性金融风险的防范

中国金融监管当局在党中央、国务院的领导下加强了对跨境资金流动导致的外源性金融风险的防范。资金跨境流动就是跨越国境的资金转移，其管理是由中国人民银行下属的专司外币管理的国家外汇管理局来执行的，属于外汇管理的范畴。所谓外汇管理，是指一国政府授权国家货币金融管理当局或其他国家机关，对外汇收支、买卖、借贷、转移以及国际结算、外汇汇率和外汇市场等实行的管制措施。而资金跨境流动既有经常项下的资金流动，也有资本项下的资金流动。并不是所有的跨境资金流动都包藏金融风险，而只是部分资金包含金融风险。经常项下的资金流动只要与国际贸易物资流价值相适应，即具有贸易真实性，就不存在金融风险。存在金融风险能够对金融系统形成冲击的是资本项下的资金流动。所以，中国已于1996年12月实现了人民币经常项目可兑换，但对资本项目外汇进行严格管理，即限制国际资本流动。

国际资本流动分为三类：直接投资、证券投资和外债。直接投资一般是基于长期商业利益和战略规划，撤资时需要出售厂房和设备等的投资。与其他资本相比，外商直接投资突然发生逆转的可能性不大，稳定性强，而且能够带来较多的就业机会，甚至可能产生技术和管理上的"溢出效应"。证券投资一般期限短、波动大，其最大风险是可能带来金融市场的突然崩溃，引发金融危机。同直接投资和证券投资相比，外债的最大特点是需要偿还。近年来，国际借贷和实际项目投资相脱离的现象越来越普遍，很多的对外借款被用于非生产性用途。短期的外债非常容易波动，甚至出现大规模流入流出，潜藏比较大的金融危险。所以，国际资本流动的证券投资资本和外债就是中国跨境资金流动外汇管理的重中之重。

针对跨境资金流动性风险，中国采取了一系列措施：一是实行经常项目下资金跨境流动真实性审核；二是对资本项目实行部分管制；三是严格外债管制，加强资金流入管理，积极防范金融风险；四是加强对金融机构外汇业务监管及外汇管理执法；五是强化国际收支统计监测，加大外汇市场整顿和反洗钱力度。

通过这些措施以及相关的法律法规的贯彻执行，中国外汇管理部门严把资金跨境流动的关口，保证跨境资金有序流入流出，严防资金非法流入和短期集中流出，防范由跨境资金流动引发的金融风险。

三、中国金融风险防范的经验借鉴

公共管理所关注的是"如何在日益多样化的政府组织形式下保护公共利益"。金融风险防范问题也就是金融风险治理的公共管理问题。通过公共管理学提供的透镜，我们发现，国家金融风险是以系统形态存在的，其防范主体不是只有一个，而是由政府、金融市场主体和个人构成的一个系列。这里面就存在两个问题：一是如何合理划分政府和非政府组织之间的治理边界，动员所有相关金融主体参与金融风险防范，以最大限度地实现公共利益；二是政府如何最大限度地完成自己的使命。

（一）调动市场力量参与金融风险监管

对于第一个问题，我们应当立足中国金融系统发展的国际国内形势，以公共管理理论为指导，采取适当的对策。

首先，金融监管机构要积极推进中国金融系统市场化改革，切实处理好政府与市场主体在金融风险防范责任上的合理划分。处于金融系统发展敏感期的中国，既面临国内微观金融风险防范的任务，又面临系统性金融风险防范的任务，还面临各种外源性金融风险防范的任务。中国金融监管部门依靠部门扩张是不可能成功解决所有金融风险防范问题的，监管效率降低、机构臃肿庞大就是一个无法逾越的鸿沟。

依据公共管理理论，市场主体和各种中介组织也是市场监管的重要力量，政府要充分挖掘这些市场主体的潜力，一方面要规避其个体理性的缺陷；另一方面要挖掘其抵御金融风险的潜力，分担部分监管任务，提高金融风险监管效率。对于外源性金融风险防范任务，政府无法分割给市场主体，但国内各层面的金融风险防范任务完全可以下放到市场，通过金融市场主体和民间机构解决，解放自己，以便腾出更多的精力和时间应对来自国际金融市场的金融冲击。但是，金融市场主体既有风险防范的动力，也因利益驱使而有更高层次风险防范的惰性，无法全心全意生产公共产品。因而，政府在强化金融市场主体风险防范责任的同时，要切实采取有效措施抑制金融市场的"搭便车"行为。中国金融监管机构在未来的一段时期内，应当加强国内基础环境建设，推动法治建设，调动国内金融市场的力量积极参与国内金融风险防范工作，凡是市场能够解决的问题都交给市场，使金融市场主体更多地分担金融风险防范的任务。这样，政府金融监管部门就可以把主要精力放在应对来自国内、国际金融市场上的金融风险，加快实现由内向型监管向外向型监管转变。

其次，政府在为本国提供诸如金融安全等公共金融产品的同时，应加强与世界各国及国际组织的合作，积极参与区域乃至全球公共金融产品的生产，在造福世界的同时，实现本国经济增长。市场体制下的国际金融市场依据弱肉强食的法则运行，国际金融系统在一定程度上扮演了国家间价值分配的角色，是当今金融强国剥夺其他弱国劳动成果的工具。虽然国际金融系统的运行存在事实上的不公平，但世界绝大多数国家都渴望公平。所以，中国政府的金融监管机构要顺应国际道义的要求，积极参与国际金融系统改革，因势利导，推动国际金融系统朝公平方向发展；积极参与区域和全球公共金融产品的生产，在保证本国利益的前提下，造福世界各国，真正担负起世界大国的责任。

（二）借鉴他国经验，提升监管效果

对于第二个问题，中国要从巴西、印度和俄罗斯的金融风险防范实践中吸取经验教训，遵循二级金融系统发展的规律，积极稳妥地推动中国的金融风险防范。

第一，任何情况下政府决策都要立足中国实体经济的发展情况。作为发展中的大国，中国今天之所以能重新回归世界舞台的中心，靠的就是实体经济发展提供的机会，而资本运作还没有给中国带来多大收益。在金融系统还没有跻身国际金融市场的中心之前，中国的发展还必须依靠实体经济的发展不断积累经济剩余。所以，必须坚持实体经济发展是第一位的原则。

第二，要充分利用现代科技发展的最新成果，加强金融风险防范能力建设。系统论、信息论和控制论的发展带来了许多科技成果，这为提高监管效率、提升监管能力提供了现实基础。中国金融监管部门要积极利用先进科技成果，提升中国金融监管能力，严格监测国内金融系统结构的变化，为依法监管、科学监管创造条件。

第三，要用战略眼光审视当今国际金融系统的变化，积极推动国际金融系统的改革。国际金融系统是各国金融系统赖以生存、发展的外部环境，作为一种结构性力量影响世界价值的分配格局。中国金融监管部门要用战略眼光审视当今国际金融系统的变化，针对其不同的周期时点采取不同的国民经济宏观调控策略，规避国际资本流动可能导致的金融风险，维护国家经济安全；针对国际体系的变化规律，制定国家金融战略，维护国家利益。与此同时，中国要积极开展金融外交，联合广大发展中国家尽最大努力推动国际金融系统的合理化改革，维护发展中国家的共同利益，为中国和平发展创造结构性有利条件。

第四，紧跟市场变化，及时防范可能的金融风险。巴西、南非等自由市场经济国家的金融风险监管，都强调对市场变化的评估，紧跟市场变化，制定防范对策。比如，2008年国际金融危机之后，南非就开展了对国家金融监管机构在应对国际金融危机中的表现的评估活动。通过评估，南非发现，金融监管部门之间的不协调和各自为政暴露出很多监管漏洞，于是决定推动金融系统向牵头监管模式转型。中国要向这些国家学习，紧跟市场变化，及时化解可能的金融风险。

总之，中国金融系统的二级金融体制已经建立起来，而且发展到关键时期，挑战和机遇并存。作为中国金融风险防范的主要主体，中国政府一定要抓住机遇，立足国际和国内两个市场，充分调动其他金融风险防范主体的积极性，既要建设好本国金融系统的功能结构，又要适时推动本国金融系统的空间结构向全球扩展；既要生产国家公共产品，又要生产区域性和国际性公共产品；既要防范系统内风险，又要防范国际金融系统风险，确保国家和平发展战略的顺利实施。

第三节　当前人民币国际化的战略环境

在牙买加国际金融系统下，所有经济体都面临由跨境资本流动带来的外源性金融风险。2005年汇率改革之前，中国实际并不存在跨境资本流动引发的外源性金融风险，因为中国对跨境资本流动实行严格的外汇管制。但随着汇率形成机制市场化改革的启动和推进，即人民币国际化，在放开经常项目下资本跨境流动管制、实行自由化之后，中国资本项下市场化改革也在快速推进。随着中国外汇市场自由化改革的不断推进，中国跨境资本双向自由流动的局面日益形成，人民币越来越国际化。所以，在人民币国际化和资本跨境大规模流动导致的金融风险可能性增加的条件下，中国金融系统发展越来越多地受到国际环境的影响，不断评估和考察国际环境的状况和发展态势，防范金融风险，已经变得越发重要。

一、全球信息基础设施加速互联网化

当前，国际环境中的最大变化就是信息技术革命引发的各领域的变革，特别是人类基础设施的信息化升级。科学技术革命不仅推动了农业社会向工业社会的变革，更推动了人类社会加速进入信息社会。当前，信息基础设施已成为当今世界最重要的新增基础设施。作为信息基础设施的表现形式，全球互联网技术和装备的应用已经深入人类社会经济生活的方方面面，推动着产业变革。随着关键技术的日趋成熟，全球信息技术的应用进入了大规模拓展期。当前，全球互联网应用已初具规模，基本实现了全球覆盖，成为当今世界最重要的基础设施。

二、全球经济正加速信息化转型升级

随着信息基础设施成为人类最重要的、规模最大的新增基础设施,人类社会三大产业的装备都呈现信息化趋势,组织方式也随着通信联络方式的改变而演变,产业运作模式为适应信息化环境而作出适应性调整。可见,全球经济正在发生重大变革。

(一)信息技术革命推动农业产业变革

在以互联网为代表的信息技术革命成果的推动下,农业生产资料的操作方式和农业生产资料的组合方式在加速改变,农业产业正在发生非常重大的变化。借助信息技术,农业正在形成从生产、流通到销售再到消费的全过程信息透明化可追溯体系,食品安全有了技术保障。在信息技术应用的推动下,农村电商正成为农民买、卖的重要渠道,订单农业加速形成。农业产业加速信息化,传统农业快速信息化升级而呈现全新的发展特点。

1.农业装备的信息化、智能化、自动化

信息技术的应用和农业互联网、物联网的应用使农业装备呈现信息化、智能化、自动化的趋势及特点。

第一,农业机械呈现智能化和自动化的趋势及特点。在农业机械大型化的基础上,基于 GPS(全球定位系统)、GIS(地理信息系统)等现代信息技术装备武装到这些农业机械上,为农业机械的自动化和远程操作管理奠定了基础,使农业机械驾驶、施肥、喷药和播种等传统操作可以实现智能化和自动化,使劳动者从繁重的劳动中解脱出来。

第二,基于现代信息技术的遥感、传感等先进技术装备在农业上的应用,为农业生态系统的自动化和远程操作管理奠定了基础,为农业田间动态监控和人工远程管理奠定了基础。例如,在农业灌溉方面,基于互联网、物联网提供的技术便利,利用农田土壤水分数据自动采集系统可以远程监控土壤酸碱度、养分、气象等农作物生长环境状况。根据这些数据,智能节水灌溉系统能够自动控制农田的灌溉水量、肥料量。也就是说,农业已经能够实现灌溉的智能化、可控化。

第三,借助现代信息技术装备,农业病虫害防治、作物管理等传统农业生产操作也可以实现远程化、自动化管理。

总之,以计算机为中心,依靠互联网、物联网的联通,集感知、传输、控制、作业为一体,基于现代信息技术综合集成的智慧农业生产装备体系已经成型,并在农业生产系统中快速应用起来。农业信息化、智能化、自动化趋势势不可当,并推动高效设施农业生产模式成为一种历史潮流。

2.农业营销模式的电商化

随着现代信息技术的渗透,农业营销模式呈现电商化趋势及特点。随着智能移动终端的发展,农业电商发展所需的信息技术基础条件日趋成熟。通过互联网能够有效整合农业生产者、经营者和消费者之间的关系,搭建起农业交易电子商务平台,为众多农业企业提供优质的网络交易平台。农业电商平台的兴起削弱了长期困扰市场的信息不对称问题,减少了产品到达用户的中间渠道环节,降低了购销双方的时间和经济成本。由于农业电商既可以有效保障农产品供销渠道的畅通,降低交易成本,增加农民收入,又可以通过信息对称有效控制农产品市场风险,农业营销模式呈现快速电商化趋势。

3.农业产业整体的集约化、标准化和农产品质量的可追溯化

在现代信息技术创新和应用的大力推动下,农业产业整体呈现集约化、标准化和农产品质量可追溯化的趋势及特点。

一是农业生产工具的信息化、智能化和自动化发展,意味着农业生产装备的现代化以及农业的设施化,要求农业生产规模化和集中化,也意味着随着农业信息化的深入发展,农业产业将呈现集约化的发展态势,将来农业企业的兼并集中不可避免,农业龙头企业引领、农业服务企业辅助将成为普遍现象。

二是随着农业的信息化和集约化，农业生产将呈现标准化趋势及特点。互联网、云计算等先进的信息技术在农业中的广泛应用，使建立覆盖面广、针对性强的农业标准信息库成为可能。统一、标准、规范、精准的数据库系统，进一步推动有效的农业发展行业研究标准和相关数据产生，为农业进一步发展提供流程指导和农业标准动态数据库资源支持。这种正反馈机制，在标准化带来的经济红利的刺激下，不断推进农业标准化进程，先是在农业技术标准化的基础上刺激农业生产流程的标准化，再进一步推进农业管理的标准化，打造标准化的农业生产方式。而且，由信息化推动的农产品供给以及消费的可预测性和可计划性也为农业标准化提供了助力。

三是随着农业的信息化和集约化，农产品质量可追溯化趋势及特点成为现实。随着信息技术在现代农业中的应用，农产品安全保障体系——农产品质量可追溯体系借助信息识别技术得以实现。借助互联网技术，农业企业将二维码、移动终端、物联网等先进信息技术和装备在农产品的生产加工、流通、销售等诸多环节推广应用，形成包含农副产品的产地、采摘时间、采摘人、包装日期、化肥使用、农药使用等可追溯信息的标签，在此基础上构建质量安全追溯服务平台，建立责任体系，保证将质量合格、绿色环保、无公害的农产品提供给消费者。监管部门据此建立农产品上下游追溯体系，实现农产品生产全程可追溯，借助农产品质量标准建设，并辅以市场准入机制，最终形成标准化的农产品，推动知名农业品牌的打造，有效保障农产品的质量与安全。

总之，在信息化的推动下，农业生产呈现信息化、智能化、自动化特点，农业营销模式呈现电商化趋势，农业产业呈现集约化、标准化和农产品质量的可追溯化趋势，农业产业越来越呈现工业化的特征。

（二）信息技术革命推动制造业产业变革

信息技术的创新与应用，推动制造业的基础装备、营销模式和生产方式信息化转型升级，使制造业装备呈现数字化、网络化、智能化的趋势及特点，使个性化定制取代标准化生产，使营销模式快速电商化，使制造业行业资源配置社会化。

第一，信息技术的应用使制造业生产装备呈现数字化、网络化、智能化和自动化发展趋势及特点。信息技术是制造业高度发达的结果，也首先推动了制造业的整体信息化。一是制造业的基础细胞企业已经快速信息物理系统化，信息物理系统已经成为高水平企业装备的基本配置。二是企业信息化的集体行动推进了制造业行业整体的装备信息化。三是制造业生产高度智能化和自动化。总之，在信息化的推动下，无论是单个企业内部还是包含所有企业的制造业整体，生产装备都呈现数字化、网络化、智能化和自动化的发展趋势及特点。

第二，随着现代信息技术的不断渗透，制造业生产呈现出从"硬性制造"向"软性制造"转化的趋势及特点。在信息技术装备对生产链条覆盖率越来越高的条件下，企业制造的流程发生了改变。企业首先将制造企业信息系统与客户信息系统相接，获得客户的个性化需求信息，综合客户的具体精细需求信息；然后结合自身装备状况和自身信息库中产品设计图样信息，修改调整成满足客户个性化需求的产品设计；最后利用生产装备完成产品生产。这和过去不考虑客户个性化需求的大批量标准化生产完全不同，已经从"硬性制造"向"软性制造"转变。

软性制造是指在制造过程中，不单单追求产品本身的价值，而是通过拓展更多、更丰富的制造服务的系统解决方案，力求更多的附加值。相对于硬性制造来说，软性制造更强调产品通过软性的、无形的内置软件、附带服务等解决方案谋求利润，是依靠"看不见"的、更加重要的软实力。相对于传统制造业，如今的制造业更多需要互联网等信息技术支撑的有关软件，并辅之以与这些软件相适应的信息技术硬件的大力支持。

目前，发达国家还提出"硬件复兴"，实际上硬件的复兴也是通过软件功能的扩展来实现的，依靠云端计算能力等软件技术，让硬件变得更加智能。总之，软性制造不再仅将"硬件"视为影响制造的重要环节，而更加重视"软件"

在制造业中发挥的重要作用，通过提供系统服务，可以为制造业创造更大的价值。面对信息革命的冲击，制造业在未来发展过程中，将逐步放弃"硬性制造"模式，更多地从软件、服务、附加值等角度，关注销售服务，提供系统解决方案等软性业务，据此推动制造企业获取更多附加价值。

第三，在信息技术应用不断强化的条件下，全球制造业价值链融合与重构呈现近乎同一起跑线竞争的趋势及特点。借助信息技术，互联网成为全球最重要的信息沟通基础设施。在互联网的世界里，世界各个角落的企业都是透明的。在互联网制造交易平台的支撑下，制造信息源变为互联网制造信息服务提供商，一改过去的交易信息发布的单一性。这对全球制造业价值链大融合与重构产生了巨大影响，使其呈现新的趋势及特点。

一是由于互联网平台带来的透明性，研发导致的核心技术传播呈现新的特点。由于互联网具有开放性和全球性，制造业能够更加迅速便捷地获得国外的相关技术，使基础材料、核心零部件和设计等方面技术迅速扩散，模糊国际产业链上游依次传递的界限。

二是由于互联网平台带来的信息透明性，世界各经济体制造业设计能力扩散呈现新的趋势及特点。借助互联网，制造业设计技术和成果快速在全球扩散，各经济体制造业的功能设计、结构设计、包装设计等能力差距具备了快速缩小的条件。

三是互联网平台带来的信息透明性，使国际贸易呈现新的趋势及特点。互联网导致的透明性，使产品信息突破各经济体设置的贸易障碍，直接抵达遍布全球的消费者，使原来由于贸易渠道限制而不得不"贴牌"销售的企业的新产品获得了快速直接进入国际市场的机会，改变了国际贸易的基础。

总之，信息技术的应用，模糊了国际产业链上下游的划分，使全球各经济体制造企业在大致相同的起跑线上竞争，全球制造业价值链融合与重构呈现近乎同一起跑线竞争的趋势及特点。

第四，在信息技术应用不断强化的条件下，制造业企业生产管理模式改变，使企业管理呈现扁平化和社会化的趋势及特点。

一是制造企业内部互联网信息管理平台的出现，降低了企业内部人员沟通交流的成本，使企业内部人员更便于参与企业管理，侵蚀着原来金字塔形企业组织管理结构赖以存在的高度层级化的基础，使更加扁平化的组织结构更有利于企业发展，企业管理呈现民主化趋势及特点。

二是企业面向外部公众信息平台的出现，方便了企业与社会的及时便捷沟通，便于企业组织社会资源参与企业生产过程，比如业务外包、聘用兼职人员、用户需求采集等，使企业生产更加社会化。

总之，在信息技术应用日益普遍化的今天，制造业呈现生产装备信息化、生产方式柔性化、销售模式电商化、管理方式民主化的特点，并使全球制造业价值链融合与重构呈现近乎同一起跑线竞争的趋势及特点。以互联网为代表的信息技术革命正推动传统制造业进行根本性变革，产生下一代制造业。

（三）信息技术革命正推动服务业产业变革

在以互联网为代表的信息技术革命成果的渗透下，服务业对信息技术应用的反应更加敏感，行业智能化、需求个性化、移动互联网化在服务业的各个环节和各个方面都有表现，呈现全新的发展趋势和特点。

首先，信息技术应用使服务业装备呈现信息化的趋势。在信息技术应用的冲击下，服务业信息获取、发布、传导都越来越高度依赖现代信息技术装备。随着移动互联网的发展，平板电脑、手机、智能眼镜、手表、皮带、衣服、鞋子等可穿戴设备，汽车导航屏幕、家电操作界面、门禁显示屏等都成为信息获取和传播的载体。随着物联网技术的发展，未来泛在终端的前景是所有物品都可嵌入芯片，可以进行信息感知和发布，市场信息进一步泛在化，获取信息载体进一步多样化，服务业装备更加依赖现代信息技术装备。

其次，信息技术应用使服务业呈现去中介化、信息平台化和服务企业去中心化的趋势及特点。在信息技术应用的推动下，提供直接车货匹配对接服务的移动平台货物运输市场大量涌现，服务于干线运输的车货匹配的"卡行天下"、专注于高质量运力服务的"易流GPS"、定位于城市配送服务的"速派得"等平台都在高速成长，传统的信息服务部、中介服务部等面临货运App的挑战，传统货运中介服务受到互联网平台的巨大冲击，纷纷转型组建自己的信息平台。目前，信息平台服务企业正取代传统大垄断服务企业，成为各行业主导者、组织者，服务行业传统垄断力量在不断削弱，服务行业呈现去中心化特点。传统的以信息代理为盈利核心的经纪人、代理业、中介服务业、中间零售商等业态将面临转型甚至消亡，原来大垄断服务企业的中心地位被信息平台服务企业取代，呈现信息平台化、去中介化和去中心化的趋势。

　　第三，信息技术应用使服务业企业提供的服务和产品呈现极致化和长尾化特点。信息化时代是买方市场时代，服务业是体验经济，即使是对生活必需品、必要服务的消费，消费者都在追求极致化体验。简洁、友好的服务界面，参与感强、趣味性高的销售和服务过程设计，创新的商业、营销模式等都可帮助商家转变传统呆板的服务模式，带来极致化的客户体验，造就客户满意和客户忠诚。客户对服务的"好评"和"差评"成为营销消费者行为的重要因素，成为影响企业经营的重要因素。这种双向信息反馈，使得企业所提供的服务产品的质量极致化，消费者的个性化需求和服务体验获得服务提供者高度重视，围绕顾客极致化体验的服务产品优化、创新成为商家关注的焦点。与此同时，在信息化时代，商品储存、流通、展示的场地和渠道足够宽广，以前看似需求量极少的产品，只要有人卖，都会有人买。这种长尾化的流通展示特征使服务业产品的个性化程度进一步提升，服务体验的定制化空间进一步加大，需求极低的产品在全时、全域、市场面前也变得具有规模化需求特征。

　　第四，信息技术应用使得服务业产业整合呈现越来越平台化的趋势。在平台主导的服务业市场环境下，服务业企业多是轻资产企业，其整合更多地表现为平台型市场整合。信息平台是由互联网和应用终端驱动的"半开放的中间组织"，是提供交易规则和互动环境的虚拟交易市场，是企业竞合的经济生态基础。与传统联盟、并购、持股等市场整合模式不同，平台整合是一种开放的、不以产权交易为基础的市场整合模式。在信息化时代，平台整合模式越来越成为服务业企业市场整合的首选模式。

第五，信息技术应用使服务业企业盈利模式呈现间接化、多维度化的特点。信息技术的应用使传统相对直接、简单的盈利模式变得更加复杂和间接化，"羊毛出在猪身上，狗来埋单"的情形增多。在信息化时代，服务企业盈利可以利用平台经济的准中立性收取间接费用。平台的盈利模式可以是交易分成、支付分成、流量收费、广告营销等方式，不直接向用户收取费用，平台也可以利用大规模用户基础对少量用户收费。"免费"经常是互联网企业借以吸引大规模用户和流量的"引爆点"，但免费服务的平台常常在庞大免费用户中提供收费的附加或特殊服务，以改变维度收费的方式获取盈利。例如，免费试用的"微信"和"360杀毒"平台，以社交游戏、软件推广等形式盈利，拥有大规模免费用户的QQ依靠对少量VIP用户的收费盈利，等等。从整体来看，服务业企业盈利模式日益呈现间接化、多维度化的趋势及特点。

第六，信息技术应用使服务业企业营销模式日益呈现社会媒体化和搜索引擎优化的特点。信息技术的应用使数字媒体逐步成为信息传播的主流渠道，利用互联网和各类社交媒体、社交网络平台进行营销也逐步取代了传统平面媒体，BBS社区、知名论坛、博客、百科、贴吧、微博、微信等自媒体和社交网络成为现代服务企业营销的主渠道。与此同时，电商平台和搜索引擎的发展使搜索引擎优化成为企业营销领域的新宠。一些用户量巨大的搜索引擎、平台都会向企业出售关键词，企业愿意付费，以便使自己的企业或产品呈现在顾客关键词搜索结果的前端，与关键词相关的搜索引擎广告也快速发展。总之，信息技术的应用，使服务业企业营销模式日益呈现社会化媒体和搜索引擎优化的趋势及特点。

总体而言，在信息化时代，服务业呈现装备信息化、服务去中介化、信息平台化、服务企业去中心化、服务和产品极致化和长尾化、产业整合平台化、盈利模式间接化和多维度化、营销模式社会媒体化和搜索引擎优化的趋势。

(四)信息化推动三次产业呈现融合趋势

当前,信息技术和装备成为三次产业信息化改造共同的资源,各产业都通过信息技术应用向其他产业拓展,呈现融合态势。在产业和金融资本的推动下,三次产业融合呈现如下趋势及特点:

第一,"信息技术+"成为三次产业融合的主模式。在信息技术应用加速发展的大环境下,互联网、大数据、云计算等新技术应用不断改变传统产业业态,产生新的业态,驱动三次产业融合,即由信息技术驱动的产业结构升级带动三次产业融合。信息技术与制造业结合,促使电子商务服务业出现,推动了制造业向服务业延伸融合;信息技术在农业领域的应用,导致基于大数据采集的设施农业管理服务业的产生,如网上农技服务体系、农机服务体系,在推动农业与制造业融合的同时推动农业与服务业的融合;信息技术与服务业的结合,促进了信息装备制造业的深入发展。总之,信息技术在三次产业中的应用,导致各产业向其他产业延伸,形成基于信息技术的农业服务业、农业制造业、制造业服务业"你中有我、我中有你"的局面,促进了三次产业的融合。

第二,"跨空间"成为三次产业融合的新趋势、新特点。信息技术的应用使产业融合不再局限于本地产业之间的融合,而是更多地呈现与周边地区"跨空间"的产业融合。这是信息化条件下现代产业融合的又一大趋势及特点。当前,农业电商进入了快速发展期,企业在郊区进行农业投资,通过网络销售把农产品配送到客户家中。这样一条比较完整的产业链把农业、电商、物流和金融融合在一起,促进了城市和乡村之间的融合,是典型的"空间融合"模式。随着互联网技术对农业的渗透,"互联网+农业"将进一步紧密结合,推动农业现代化的同时,推动城市与乡村、农业与金融、物流等进一步融合。

第三,产业与金融资本跨产业投资是产业融合主动力。随着信息技术的应用,三次产业中的利润高地格局出现了新的调整,混业经营成为趋势。当前,产业融合是个"大融合"概念，不再只是某产业内的融合，也不只是传统产业与高新技术产业的融合，而是三次产业间的相互融合。大财团纷纷通过收购、兼并等活动推进彼此间的业务并购和资源重组，提高企业的核心竞争力。

第四，监管体制机制创新是产业融合的新趋势、新特点。信息技术的应用改变了传统产业的成本函数，扩大了市场规模，过去泾渭分明的产业边界模糊甚至消失，原来产业格局的监管体制机制难以适应产业发展的需要。产业融合越来越需要市场制度、政府政策甚至社会文化的改变作为支撑。产业融合要求监管体制机制创新，要求规制政策和体制的变革，以适应产业融合的发展需要。因此，适应信息化条件下三次产业融合的需要，监管创新已经成为产业融合的新趋势、新特点。

第五，业态创新是产业融合的重要手段。当前，信息技术的应用为业态创新提供了技术支持，传统业态通过信息技术的植入形成新的业态，业态创新已经成为产业融合的新形式。互联网的渗透与融合使传统业态发生一系列化学变化，互联网带来了农业的精准化、智能化和自动化生产模式，基于互联网、大数据和云计算技术的新型农业交易模式得以实现，推动了供需信息的精准对接与资源的高效配置。互联网深刻改变了传统制造业生产模式与全球价值链分工体系，制造业制造开始转向大规模定制化生产，智能制造、数字制造、网络制造等新的生产组织模式大量涌现。在平台和大数据的支持下，线上线下的分工合作更加紧密，一系列新型业态正在快速兴起。这些基于信息化应用的业态创新已经成为产业融合的重要趋势及特点。

总之，在信息技术应用的推动下，三次产业全面呈现信息化趋势，也呈现融合趋势，并带动监管体制机制信息化。人类经济基础信息化和平台化已成为不可抵挡的历史潮流。

三、全球治理正朝公平正义方向转变

全球产业链、价值链、商品链等国际链条体系的紊乱，特别是信息技术革命的推动，使国际社会和经济体内部张力持续增大。以国际规则创设及掌控、运用和阐释为核心的全球治理不同模式的竞争大幕开启。作为国际体系的新兴力量，金砖国家要通过合作机制的建设参与全球治理变革。

（一）当前全球治理机制的现状

当前的全球治理机制是在二战后确立的体制机制基础上不断发展演化而来的，不仅推动了由战后科技革命引发的国际格局的变化，也推动了全球面临的公共问题的解决。当前的国际治理机制（体系）主要包括全球安全治理体系、国际金融治理体系、国际贸易治理机制等，都是在二战之后设立的全球治理机制的基础上演化而来的，后两者构成左右世界经济发展的"货币—金融—贸易"三位一体的机构。

第一，国际安全保障机制的龙头是联合国。

第二，国际金融体系功能的保障机制是国际货币基金组织和世界银行。

第三，国际贸易体系功能的保障机制是世界贸易组织。世界贸易组织的前身是关税与贸易总协定。

总之，二战期间及以后建立的全球治理机制，依托相应的机构肩负起全球治理的责任，提供全球相应领域的公共产品，维护全球体系的安全稳定运转。

（二）当前全球治理面临的挑战

随着国际格局的演化，当前全球治理面临以下四大挑战：

1.全球安全治理"失灵"日趋明显

随着科技革命推动的"颠覆性创新"和世界经济发展不平衡规律作用的发

挥，全球主要力量对比越来越呈现扁平化趋势。气候变暖、网络安全等全球性新问题的不断出现，新的治理主体和治理方案不断出现，导致全球治理体系治理效率越来越低，全球治理变革已势在必行。

一是全球安全治理逐步脱离了联合国安理会的体制。战后初期，世界很快进入两大阵营对峙的冷战格局，以安理会为中心的全球安全治理体系试运行相对成功。例如，1950年，面对朝鲜半岛上的安全威胁，美国通过安理会促使联合国通过"在军事上给韩国以必要的援助"的提案，组成"联合国军"，打着联合国的旗帜处理朝鲜半岛危机。战后安排也是在联合国的框架下进行的。整个冷战期间，由于美国、苏联两国都能有效约束自己阵营的"小兄弟"，除由美国、苏联两国挑起的战争外，全球安全形势相对较好，全球安全治理有效，全球安全态势的管理大多都没有脱离联合国安理会的框架。冷战结束后，苏联解体，美国成为唯一的超级大国，"单边主义"倾向急剧抬头，出现脱离联合国授权的倾向。

二是全球安全管理的理念逐步回归"离岸制衡"的治理理念。如果说全球安全治理体制建立之初的治理理念是世界政府的全球治理理念，此后这一理念则逐步让位于"丛林法则"时代的"离岸制衡"理念。当前，美国在亚太地区对中国的军事围堵，在中亚、西亚地区的安全治理，在欧洲方向上对俄罗斯的围堵，无不体现地缘政治的全球安全治理思维。这个思维的特点是拉一方、打一方，维持对立双方的势均力敌，这不仅无法最终解决当地的冲突，还会把这个地区的人民长期置于战乱中，而充当这个平衡手的国家则不仅可以通过对双方的军火生意而大发战争财，还因远离战场而可以安享和平红利。正因这种全球安全治理思维和美国军事的超强地位，才使得全球安全形势不断恶化，热点越治越多，治理"失灵"成为显而易见的事实。

2.全球金融治理"失灵"日趋明显

二战后的国际金融治理机制因设计缺陷而在"失灵""调整"，"再失灵""再调整"中不断演进。

一是战后初期至 70 年代中期，黄金定值的布雷顿森林国际金融系统逐步走向崩溃，国际金融市场动荡。由于"黄金与美元挂钩，各国货币与美元挂钩"的"双挂钩"，布雷顿森林国际金融系统存在天然的"特里芬难题"缺陷，在发展不平衡规律的持续作用下，加之美国深陷战争泥潭，美国经济国际竞争力锐减，贸易逆差导致黄金储备几乎消耗一空，美元货币危机不断，国际金融市场危机四伏。国际金融体系不断作出修正性调整，如"黄金总库"方案、黄金价格双轨制方案等，但最终还是导致美元与黄金脱钩，各国货币也与美元脱钩，布雷顿森林国际金融系统两大支柱倒塌，治理完全"失灵"，不得不解体，被浮动汇率制的牙买加国际金融系统取代。

二是在牙买加国际金融系统下，美元货币政策导致外围经济体经济与美国经济呈现衰退与繁荣有规律的交替震荡现象。在牙买加国际金融系统下，由于石油美元结算协议的产生，美元在国际金融市场中的份额急剧扩大，形成独大的市场格局。牙买加国际金融系统本质上是美元垄断国际金融市场的寡头货币市场体系。在这种货币体系下，失去市场制约的美元对国际金融市场具有无与伦比的影响力。当美元进入降息周期时，外围经济体因美元流入而饱受通胀之苦；当美元进入加息周期时，外围经济体因美元回流美国而导致市场资金紧张，甚至因资金链断裂而爆发经济危机。仅 1990 年以来，世界范围内已先后发生了亚洲金融危机、美国次贷危机、国际金融危机、欧洲主权债务危机等影响巨大的经济危机。更重要的是，由于外围经济体的金融脆弱性特点，在总体表现为长度约为10 年的贬值周期和长度为 6 年的升值周期交替的美元指数周期中，外围经济体辛苦积累的资产总是被国际资本在高抛低吸中"剪羊毛"，形成当前牙买加国际金融系统人人痛恨但难以治愈的痼疾。20 世纪 70 年代，美国财政部前部长约翰·包登·康纳利（John Bowden Connally）指出："美元是我们的货币，却是你们（世界）的问题。"这形象地描绘了资本跨境流动对全球金融市场的影响之大，也体现出牙买加国际金融系统的巨大不公平性，增加了国际社会贫困治理的成本。2008—2009 年全球经济危机暴露了金融市场运作的体制性失效以及经济决策核心的严重缺陷。在现有国际金融体系下,国际金融危机的周期性爆发,意味着外围广大发展中经济体难以保护自己的金融经济安全,意味着现有国际金融体系全球治理的机制性"失灵"。

虽然当前全球金融治理体系已经采用自由市场机制,但因市场极度不均衡而依然处于治理"失灵"状态。美元在牙买加体系下的份额过大以致形成寡头市场,无法有效形成市场均衡,使美元成为脱缰的野马而随意超发,从而导致当前全球金融治理效率低下,乱象丛生,几近"失灵"。

3.全球贸易治理"失灵"日趋明显

一是世界贸易治理机制产生过程中一直存在权力配置不均衡问题,全球贸易治理天然"失灵"。世界贸易组织的前身是关税及贸易总协定（General Agreement on Tariffs and Trade, GATT）。1944年7月举行的布雷顿森林会议提出设立全球性贸易组织的设想。联合国经济及社会理事会1946年2月的会议,呼吁召开联合国贸易与就业问题会议,起草国际贸易组织宪章,推进世界性关税削减谈判。1947年10月底,包括美国在内的23个国家在日内瓦签订关税及贸易总协定。1995年1月1日,世界贸易组织正式成立。由于生产资源跨境实现了在更大范围内的组合,为经济效率提高奠定了基础,关贸总协定和世界贸易组织确实推动了全球经济一体化和经济全球化,极大地增加了人类社会的财富总量,并推动了全球经济社会的繁荣。但是,从全球贸易治理机制的形成过程来看,发达经济体一直是该机制的主导力量,外围经济体力量处于被唤醒的过程之中。所以,现行全球贸易治理体系更多体现了发达经济体的利益,而忽视了发展中经济体这个"沉默的绝大多数"群体的利益,天然具有"失灵"的缺陷。

二是发达经济体一再利用规则制定权捞取战略经济利益,致使全球贸易治理面临"失灵"局面。在推动全球贸易发展、规范全球经济和贸易秩序的治理过程中,外围经济体在GATT和世界贸易组织市场开放谈判中作用很小,处于严重弱势地位,国际贸易谈判形成的规则和协议,更多体现了主导国的利益,且责任模糊。这制约了世贸组织共赢性博弈功能的有效发挥，以致全球贸易治理机制走向"失灵"。

GATT 成立之初，美国凭借世界独一无二的强大经济实力，出于快速扩大对外贸易以消化国内过剩产能的需要，打着"贸易自由化"的旗号，积极倡导并建立了尽可能对外开放的多边贸易政策框架，极大地推进了美国货物对外贸易的发展。

20 世纪 80 年代，随着自身服务业的快速发展，美国扩大服务贸易的需求快速增加，迫切需要在 GATT 框架内形成有利于美国的贸易规则，在 GATT 框架内按照货物贸易的自由贸易一般原则打造服务贸易规则。到 1999 年，美国服务贸易进出口额位列世界第一。

20 世纪 90 年代后，随着外围经济体工业化的推进，传统工业品的生产能力不断提升，挟劳动力成本优势的外围经济体劳动密集型产品对美国传统工业品生产形成冲击，并导致美国相关产业工人失业问题突出。在一般贸易规则已成定局的情况下，一向提倡自由贸易的美国却利用议题引领权玩起了隐性贸易保护主义。

1999 年，西雅图"千年回合"谈判一开始，美国打着"保护劳动和环境"的旗号，提出各贸易国必须达到美国的劳工和环境标准，否则美国将不进口其产品。虽然这次贸易保护主义博弈因广大发展中国家的抵制而泡汤，但发达国家根据自己利益的需要而设置贸易规则的用心是显而易见的。

无独有偶，世界贸易组织 2001 年 11 月启动多哈回合贸易谈判，围绕约 20 个议题展开谈判，农业和非农产品市场准入是最关键也是分歧最集中的两个议题，发达经济体力图通过实施巨额农业补贴和高关税壁垒保护自身农业利益，大幅挤压发展中经济体农业发展空间。由于双方互不相让，原定于 2005 年 1 月 1 日前全面结束的多哈贸易长期陷入僵局，看不到前景，最终于 2006 年 7 月 22 日世界贸易组织总理事会的批准下正式中止。

可见，在国际贸易治理领域，发达经济体一直把持着规则制定权，主导了国际贸易规则的建立与变革，利用规则制定权为自身捞取战略经济利益。借用国际机制的解释权、滥用全球治理的权力来保证自身利益的最大化，本质上是把全球治理机制这种公共产品私有化。随着经济实力的快速提高和觉醒，外围经济体越来越自觉地参与规则谈判，利用规则谈判维护自身利益，贸易谈判制定贸易规则环节出现了僵持局面，使全球贸易治理机制出现全球贸易规则制定环节的"失灵"，并引发国际贸易发展困境。

三是贸易保护主义盛行，使全球贸易治理效率越来越低，逐渐走向"失灵"。在现有技术平台上和贸易规则条件下，随着全球市场容量几乎开发殆尽，形形色色的贸易保护主义不断出现，规模日益增大。当前，贸易保护主义手段由关税转到非关税措施，报关手续干扰、绿色环保标准、苛刻的技术标准、汇率变动、知识产权、卫生检疫规定、反倾销、反补贴、劳工标准、差异性国内消费政策、进口限制、反倾销和反补贴措施、自动出口限制、歧视性政府采购、技术和卫生标准等保护名目不一而足。英国经济政策研究中心发布的《全球贸易预警》报告显示，从2008年到2016年，美国对其他国家采取了600多项贸易保护措施，仅2015年就采取了90项，位居各国之首。该报告指出，美国是限制自由贸易的头号国家。近几届的美国政府更是亮出"美国第一、美国优先"的口号，毫不掩饰地唱起了贸易保护主义的调子。这些贸易保护措施严重干扰了全球贸易治理机制的正常运作，使全球贸易治理效率越来越低，并逐渐走向"失灵"。

总之，无论是全球贸易治理参与方的力量对比、贸易规则的形成，还是贸易规则实施过程中的贸易保护主义措施，都严重制约着当前全球贸易治理机制作用的发挥。

4.新的全球性问题对现有全球治理体系能力形成挑战

全球性问题不断产生，给全球治理增加了新的治理对象。二战以来，随着人类生产生活范围的延展，向地球大气层排放的温室气体越来越多，出现了打破大气层热辐射平衡，导致地球气候变暖的危险。随着全球气候持续变暖，干旱、洪水、饥饿和瘟疫将成为21世纪人类的现实威胁。气候治理问题跃升为新的全球治理对象，给现有全球治理体系增加了新压力。随着信息技术的进步，信息技术装备不断向国民经济各产业渗透，改变了传统产业业态；信息技术装备不断充实人类的生活工具，改变了人类的生活方式。在此情况下，互联网成为人类社会最基本的信息基础设施。网络安全直接关系国计民生和国家稳定，成为各经济体普遍面临的综合性安全挑战。当前，各种黑客袭击事件频发，金融互联网、生产互联网成为主要攻击对象。互联网安全成为全球治理的新对象。由全球化带来的利益分配并不均衡，富国愈富、穷国愈穷，富人愈富、穷人愈穷，两极分化成为我们不愿看到的现实。这不但激化了世界上原本就存在的国家间、民族间、阶层间、宗教间的各种矛盾，还使国际恐怖主义成为世界各经济体不得不面对的全球威胁。当然，当今世界面临的全球性问题不止这些，还包括全球资源问题、全球核安全问题、全球粮食安全问题、全球贫困问题等，都给全球治理体系提出了新挑战，带来了新压力。

（三）当前全球治理"失灵"的原因

全球治理"失灵"的原因是多方面的，主要原因是国际格局变化改变了原有治理机制发挥作用的基础，也有国际社会矛盾异化的原因。

1. 美国的相对实力衰落

现存全球治理机制遇到的第一个挑战是美国的相对实力衰落。

一是国际经济结构已经发生不利于美国的巨大变化。从经济总量上看，美国经济已经失去世界第一的桂冠。目前，美国已无力带动全球经济增长，也没有兴趣维护自由贸易体系和全球宏观稳定。

二是美国基于经济实力的市场吸引力在减弱。美国对外经济政策的保护主义色彩日益浓厚，其关注的焦点是如何向其他国家转嫁危机，如何让盟友替自己承担更多国际责任，通过打压其他国家维持其在全球经济中的竞争力。

2.新兴大国的崛起

新兴大国经济发展速度较快，出现群体崛起现象。冷战结束以来，特别是近十年来，世界经济中的突出现象是中国、印度等新兴大国在经济上的迅速崛起，国际经济格局被改写。经济基础的变化要求上层建筑要作出相应调整。在新兴经济体实力增加，已成为世界经济发展新动力的背景下，全球治理机制改革调整的压力变得越来越大，并成为全球公共产品提供领域的新挑战。

3.国际体系的失序和紊乱

近年来，随着美国、欧洲与俄罗斯以反恐名义分别在军事上卷入叙利亚内战，国际反恐格局有新的发展。其中最大事态是国际恐怖主义力量的聚集效应急剧发酵，历史上第一次在中东成立了以恐怖主义袭击为主要手段的极端恐怖组织ISIS（伊斯兰国）。今天，以中东为大本营的伊斯兰国正成为吸引世界各国极端恐袭分子前往顶礼膜拜的"圣地"。这些新的事态激发国际反恐力量与以伊斯兰国为代表的极端恐怖组织展开更加深广的政治、军事与文化博弈，国际反恐斗争呈现新的格局。一方面，美、俄、欧及中东各国以不同心态和不同形式参与以叙利亚内战为掩护的反恐战争，其规模和打击力度都在不断加大。在可预期的将来，叙利亚反恐战争仍将持续。另一方面，处于下风的伊斯兰极端势力策划以难民形式向西方及全球其他地区渗透。未来全球反恐斗争的范围势将有所扩展，形势也将更加复杂，欧美成为恐怖主义外溢的重灾区。

总之，随着发展不平衡规律作用的发挥和"华盛顿共识"负面效应的显现，传统全球治理机制的弊端不断暴露出来，全球公共产品提供面临重大挑战。

（四）全球经济治理走势

全球治理机制要顺应全球体系的变化作出调整，提供与变化了的国际体系相适应的全球公共产品。因此，国际体系的变化为全球公共产品提供机制指明了发展方向。

当今全球公共产品需求将向更加强调公平、正义的方向转化。正如经济学的主体是效率和公平的轮换一样，全球公共产品需求在一个时期更加强调效率，而在另一个时期则更加强调公平。在自由放任的市场上，监管不足的市场主体会产生行为失当，引发并扩大危机。缺乏公平正义约束的自由平等，最终会带来社会内部张力的扩大，使经济失序乃至崩溃。这个时候，公共产品提供的主题就要向公平正义转化，更强调公平。

当前，全球公共产品提供机制朝公平正义方向变革已经成为大势所趋。当前国际体系的失序就是崇信市场竞争机制、缺乏道义约束和制度监管的结果。面对效率与公平之间的选择，人们权衡取舍的天平开始倾向于公平。人们不再担心竞争及生产的不足，而更加关注分配和消费的不义。追求公平正义越来越成为人心所向、大势所趋。因此，当前全球公共产品提供机制的变革方向是公平正义。

第四节 新时期人民币国际化战略前瞻

与美国金融系统相比，中国的金融系统只有主权货币的国际化还没有完成，其他的功能结构基本都已具备。所以，中国金融系统进一步发展的核心问题之一就是如何推进人民币国际化，其发展战略环境就是信息技术革命导致的全球基础设施环境、经济环境、国际金融环境和全球治理环境。本章尝试立足当前国际战略环境现实，探讨新时期人民币国际化战略问题。

一、人民币国际化战略

顺应全球经济一体化和市场化的历史潮流，2005 年 7 月汇率形成机制市场化改革以后，中国开始实行以"一篮子"货币为参照的有管理的浮动汇率体系，推进资本项下改革，实施人民币国际化战略，即人民币的国际使用战略，目标就是把人民币变成世界货币。人民币国际化战略具有极其重要的意义。

（一）战略的内涵和特点

战略原本是个军事术语，指军事将领为取得胜利而对战争全局的谋划，是指导战争获取全局性胜利的方略。后来，战略被广泛借用到政治、经济等各个领域，泛指一个较长历史时期为实现全局性目标而进行的总体谋划。从一定意义上来讲，战略是博弈参与方的策略和规划。广义上的战略是当前应用最多的内涵。本研究所指的战略就是在这个层面上的应用。

战略具有以下三方面特点：

一是具有全局性特点。战略是对事关全局问题的谋划，是建立在对参与博弈各方情况综合考虑基础上的谋划。要考虑国内外形势，参与博弈各方军事、政治、经济、地理、科学技术等力量对比，考虑博弈性质、可能爆发的冲突、特点和发展趋势，以及博弈方针、任务、主攻方向、阶段和主要博弈形式；要考虑空间划分、局部准备、力量配置、指导思想和博弈技术；要考虑战略资源的开发、储备和战略后方建设、后备资源布局，博弈资源动员体制、博弈指挥体制建设、博弈序列、博弈资源协同和战略预备资源的使用和调配等。可见，战略不是某一领域的谋划，而是全局的谋划，是事关整体的谋划，不是瞄准局部的战术，具有全局性特点。

二是具有利益再分配性。战略是战略主体为达到某个战略目标而进行的整体谋划，都是有目的指向性的，需要对各方面的情况进行科学分析评估，在目标事项规律性认识的指导下,有针对性地建设和利用好实现战略目标的资源,采取组合拳式的方式方法,扬长避短,达到预期目的。新的战略主体介入后,战略主体目标的实现必然导致目标领域战略利益的再分配。战争领域的战略,利益分配是零和游戏,其他领域的利益再分配既可能是零和游戏,也可能是互利多赢的利益再分配游戏。所以,总体来讲,战略具有利益再分配性。

三是具有预见性。战略的制定都建立在广泛调查研究的基础上,通过全面分析、科学预测国际国内战略环境和相关利益方关系以及博弈诸因素可能的发展变化趋势,明确现实的和潜在的博弈对手,判明威胁的性质、方向和程度,科学预测未来发展的路径、样式、方向、规模、进程和结局,揭示未来博弈的特点和规律。预见性是博弈的前提,是决策的基础。

总之,战略是博弈主体为达到一定历史时期的战略目标,而对具有全局性、整体性影响的事项进行的谋划,是历史议程的总体实施方案,具有全局影响力。

(二)人民币国际化战略的重要地位

经过 40 多年的改革开放,中国已经成为一个开放的经济体,成为世界第一贸易大国,是全球资本输出国俱乐部的重要一员。因此,人民币不得不随着实体经济的国际化走上国际化的道路。中国金融系统发展的历史任务决定了人民币国际化是个战略性问题。

1.人民币国际化是事关中国实体经济发展的战略问题,也是事关世界经济发展的重大战略问题

一是中国已经是世界货物贸易第一大国。在欧美依靠金融加杠杆消费、以中国为核心的东亚依靠廉价的劳动力生产、广大发展中国家提供能源资源的世界经济运行大三角模式下,中国通过改革开放,依靠加工贸易参与世界经济大循环,依靠国际贸易盘活了整个国民经济,积累了巨大的经济剩余,快速成为世界货物贸易第一大国。当前,中国经济已经全面融入世界经济体系,成为世界经济不可或缺的重要组成部分;国际贸易也成为中国经济发展的重要动力。

如果失去国际贸易这个重要动力,由世界经济大三角模式培育出来的国际产业链要么萎缩,要么停摆,这将严重影响中国经济的发展。而且,中国质优价廉的商品也已经成为世界各国难以替代的选择,成为各国降低发展成本的重要支撑。中国廉价商品的缺席将严重拖累世界经济发展。因此,无论从自身发展还是从世界经济发展的角度考虑,优化国际贸易环境,强化国际贸易基础设施成为中国的不二选择。其中,支撑国际贸易发展的国际结算就成为最重要的优化选项之一。也就是说,中国需要通过本国金融系统与国际金融系统融合,即通过人民币的国际化优化国际结算环境,降低国际贸易成本,支撑国际贸易发展。所以,中国金融系统的未来发展(人民币国际化)事关中国贸易发展成本,事关中国实体经济发展动力,是个战略问题。

二是中国已经是全球资本输出国重要成员。经过40多年的改革开放,中国积累了大量资本,已跻身世界第一储备大国。这些闲置资金不仅给国内宏观调控带来了巨大压力,造成了巨大浪费,降低了中国经济发展效率,还因对国际资金需求方的配置效率较低而拖累了世界经济发展。所以,中国面临资金国际化配置需求的挑战。这需要中国金融系统推进国际化,打通资金国际配置渠道,实现中国与世界的互利双赢。因此,人民币国际化势在必行。总之,无论是国际贸易资源的优化配置,还是国际资本的优化配置,都需要中国金融系统进行国际化拓展(人民币国际化),优化国际商品链、国际产业链、国际价值链。

2.人民币国际化是事关牙买加国际金融系统朝更加公正合理方向发展的战略问题

牙买加国际金融系统的最大缺陷就是由于美元独大造成国际金融市场的动荡以及由此引发的对发展中经济体"剪羊毛"现象。在这种国际金融系统下,美元缺少其他国际货币的制约,国际金融市场是美元寡头市场,无法形成博弈均衡。寡头市场格局决定了美元"剪羊毛"的结局。从超宏观的角度看,这就形成了跨国公司对广大发展中后发经济体的不合理剥夺。中国金融系统的未来发展，即人民币国际化，能够增加国际金融市场的博弈主体，推动形成美元、欧元和人民币三足鼎立的均衡博弈，形成国际货币均衡价格，减少国际金融市场的动荡，规避对中小经济体的不合理剥夺，推进世界经济更好地发展，造福世界各国人民。所以，人民币进一步国际化有利于国际金融系统的优化，推动国际金融系统更加公正合理。

3.人民币国际化是中国金融系统发展的逻辑必然，是中国金融系统优化的战略问题，是事关经济全球化进一步发展的战略问题

一是人民币国际化是中国金融系统合乎市场化逻辑的必然结果。实体经济的国际化必然要求虚拟经济也要国际化，跟随实体经济的脚步提供金融服务。所以，中国金融系统的未来发展必然推动人民币国际化，是经济体发展逻辑的必然结果。

二是人民币国际化是推进中国经济进一步市场化的战略问题。当前，中国金融系统已经完成了由一级金融系统向二级金融系统结构的转型，金融主体已经改造成市场化的金融主体，各主体之间按照市场交易规则进行交易，形成了金融市场。要巩固和发展中国金融系统市场化的成果，借鉴人类市场经济发展的成功经验，中国金融系统需要通过进一步融入国际金融系统，熟悉国际金融市场游戏规则，完善国内金融市场体制机制。也就是说，人民币国际化是巩固中国经济已有发展成果的必然选择。

三是人民币国际化是推进全球经济一体化的战略问题。随着信息技术的进步，各国市场的不断融合，人类组织能力的不断提升，世界各国已经形成"你中有我，我中有你"的互利共赢格局，倒退只能使人类付出更大发展成本。所以，实体经济市场的全球融合必然要求虚拟经济的同步融合，中国金融系统的未来国际化发展即人民币国际化是推动世界经济进一步融合的动力，是事关全球经济一体化的战略问题。总之，人民币国际化发展是中国金融系统发展的逻辑必然，是中国金融系统优化的战略问题，是事关经济全球化进一步发展的战略问题。

中国金融系统的全球化，即人民币国际化，不仅是事关中国经济发展的战略问题，也是事关全球经济发展的战略问题，不应受个体理性与集体理性悖论的掣肘，应大力推进。

二、国际环境变化对人民币国际化的影响

人民币国际化进程是在国际金融危机之前的2005年启动的，在国际金融危机中颠簸前行，化世界经济之"危"为"机"，全面打开人民币世界货币化的局面。在后危机时代，国际环境在信息技术革命的推动下发生了巨大变化，这给中国人民币国际化战略的实施带来了重大影响。

（一）信息基础设施普及对人民币国际化的影响

信息基础设施的普及是对原有基础设施的信息化升级，对人民币的国际化既有正面影响，也有负面影响，总体上利大于弊。

第一，信息基础设施的全球普及有利于跨境资金流动规模增大，有力地推进了人民币国际化。互联网的全球化发展，信息基础设施的普及，使生产、流通、消费等社会生产主体的沟通交流更加便利快捷，相距遥远的供需双方能迅速达成交易，原来不可能的需求也能够得到满足，潜在跨境交易变为现实交易，经常项下跨境贸易收支规模潜力得到前所未有的挖掘。由于互联网金融和第三方支付的发展，不同国家和地区之间的商品贸易、消费、国际结算、货币互换被有机地整合到同一个平台上，能够更精确地进行供需关系的确认和匹配，节约了交易成本和时间，提高了交易效率。这进一步扩大了国际收支经常项下的资金收付规模。

作为世界第一货物贸易大国，中国是世界的工厂，商品物美价廉。信息基础设施的全球普及实际上推动了中国与世界各国的贸易，电商既有利于中国商

品销往世界各地,也有利于中国国际收支经常项下收付资金规模的扩大,即有利于人民币的国际使用。同样,在国际收支的资本项下,信息基础设施全球普及,导致投资者更容易在全球各地找到投资标的,并推动资金跨境流动,实现全球有效配置。中国经济环境安全稳定,稳健中高速发展,吸引国际资本争相投资中国。这导致中国国际收支资本项下资金收付规模不断扩大,人民币国际使用频率不断增加,地域范围不断扩大。总之,信息基础设施的全球普及,便利了资金跨境流动,对推进人民币国际化极其有利。

第二,信息基础设施的全球普及使资金流动速度和频率飞速加快,也给人民币国际化带来较大不利影响。互联网金融使资金收付可以在瞬间完成,资金转移几乎不需要时间,跨境资金的流动也呈现这样的特点。可以说,信息基础设施的全球普及,提高了全球资金流动速度,增加了资金在途流动的频率。这样,作为世界第一大货物贸易大国、具有投资潜力的目的地之一,中国的跨境资金流动速度、规模和频率都会大幅增加,这无形中也增加了资本跨境流动风险发生的可能。所以,在这种情况下,中国资本项目可兑换改革就要考虑经济安全和资本项目开放"谁先谁后"的问题、"谁轻谁重"的问题。如果以资本项目可兑换改革为先,以便利资本跨境流动为重,资本项下资本自由流动与信息基础设施普及导致的资本流动速度加快、规模加大相叠加,就极有可能导致资本跨境大规模快速流动引发的金融危机。这就给资本项目可兑换改革增加了巨大压力,也就间接地延缓了人民币国际化进程,因为资本项目可兑换是为人民币国际化扫除障碍的,资本项目可兑换速度放缓意味着人民币国际化变慢。

第三,以比特币为代表的虚拟货币将推动人民币的国际化进程。作为信息化、网络化的产物,以比特币为代表的虚拟货币实际上是一种加密网络程序。在网络空间里,这种虚拟货币具有类似货币的属性,可以作为一般等价物,通过虚拟货币交易市场连通传统货币体系。这样,虚拟货币也就成为各国货币通过互联网在国家间转移的绝好媒介。虚拟货币的出现,一方面提升了全球范围内价值转移的速度,为人民币国际化加速推进提供了支撑,因为借助虚拟货币,货币在全球流转的速度加快了,人民币流转到世界各地的速度也就加快了,即国际化的速度迅速提升;另一方面也给各国外汇管理和反洗钱工作带来了巨大挑战,许多资金可以绕开国家的外汇管理渠道直接跨境流动。这给各国金融监管出了道难题,必然会通过各种方法和渠道严控资金跨境非法流动,降低了各国货币跨境流动的速度。可见,虚拟货币的出现对人民币国际化既有有利的一面,也有不利的一面。

总之,信息技术革命推动的信息基础实施全球化普及是当前国际环境的一个重要特征,实质性地改变了国际资本流动的规模、速度和频度,在便利资本流动、降低交易成本的同时,也增加了爆发跨境资本流动引发外源性经济危机的概率。

(二)三次产业信息化对人民币国际化的影响

在信息技术革命的推动下,三次产业都出现了信息化趋势,是全球经济结构的升级。这实质性地改变了商品生产、流通和交易的方式和效率,提升了资金流动的效率,对人民币国际化产生重大影响。

首先,三次产业信息化对人民币国际化的空间范围产生有利影响。三次产业信息化使得各种商品都通过电子平台进行售卖,打破了距离对这种交易的限制。通过互联网上的电子交易平台,人们可以看到地球另一端的人们所生产和销售的商品,并通过电子支付购买到这些商品。同样,住在极其偏远地区的个人,只要有互联网,就可以把原来无法销售的产品通过互联网接入世界大市场,卖到世界的任何角落。在全球互联网时代,商品交易者分布空间的扩大,不仅扩大了人民币可以到达的空间范围,还突变性地扩大了人民币国际化的空间范围。随着时间的推移,这种效应会不断显现。

其次,三次产业信息化会加快各国特别是中国的产业信息化转型升级,提升综合国力,有利于推进人民币货币功能方面的国际化。虽然信息技术不是原创于中国,但中国是世界上互联网应用走在前列的少数几个国家之一,因为中国人口众多，而且是"世界工场"。在信息化技术的推动下，中国三次产业弯道超车，变身为高度信息化的国民经济三次产业。这必然会提升中国商品的国际竞争力，进而提升国家的综合实力。进一步讲，这将增强各国对中国的信心，提高人民币的信用度，将会有越来越多的国家和人民持有人民币，并将其作为投资货币、储备货币。

可见，三次产业的信息化是经济基础结构性升级的表现，将通过跨境电商突变性地推进人民币在空间上的国际化，还可以通过改变国家国际竞争力进一步实质性地改变人民币的国际信用度，推进人民币功能上的国际化进程。

（三）美元指数运行趋势对人民币国际化的影响

当前，国际金融系统的最新进展就是美元指数的持续低迷，而且反转突破的可能极小。美元是牙买加国际金融系统的最主要的世界货币，美元指数是牙买加国际金融系统最主要的价格指标。

首先，美元指数持续低迷为人民币国际化提供了有利条件。美元指数持续低迷，为美联储通过加息回收流动性提供了基础。如果美联储加息，就意味着人民币相对贬值，有利于中国商品出口。这样，中国质优价廉的商品将快速走向世界各国，带动各国对中国商品的消费，增强对中国及人民币的信心。这种局面的形成，不仅在空间上，而且在功能上有利于人民币的国际化。另外，美元指数反转突破110点位的可能较小，这意味着美元加息以大规模调动资金回流美国的可能性也极小。那么外围国家特别是大型集团因美元加息而发生经济危机的可能性也极小。所以，中国可以大胆地把更多资源放在推进人民币国际化上，把更多资源放在推进中国国际贸易市场空间开发上，加快推进新时期人民币国际化进程。

其次，美元指数的最终走势将有利于人民币国际化。按照美元指数历史规律，本轮美元指数难以反弹到110点以上。这是美国霸权逐步走下神坛的先兆。所以，即使在美联储持续加息猛药的支持下，美元指数反弹到110点左右之后下跌是大概率事件。由此，世界市场主体就会进一步对美元及美国经济失去信心，反而对人民币的信心增强。可见，美元走高下跌的最终走势对推进人民币全方位国际化十分有利。

总之，牙买加国际金融系统以美元指数的紊乱为代表的最新进展是美元独大体制的式微表现，有利于推动代表多元世界货币竞争均衡格局的人民币国际化。

（四）全球治理环境变化对人民币国际化的影响

当前，随着新兴经济体的崛起及美国实力的衰退，全球安全紊乱，恐怖主义四起；全球金融市场动荡，金融危机威胁成为常态；全球贸易保护主义猖獗，反全球化思潮抬头。全球治理机制的"失灵"，推动国际治理体制变革的思潮成为主流，全球治理机制朝公平正义方向变革已经成为大势所趋。

这种全球治理机制的变革有利于人民币国际化战略的落实。当前，全球治理"失灵"的根本原因是，国际格局的演化使原来的超级大国美国主导建立的国际治理机制无法聚合各国力量共同应对全球性挑战和问题，实质是要求建立与势力均衡的国际格局相适应的公正合理的国际治理体制，也就是剥夺霸权特权，实行民主共治，表现在国际金融领域就是打破美元独大的寡头体制，构建美元、欧元、人民币三足鼎立的均衡制约体制。因此，在全球治理环境变化的趋势下，绝大多数国家都会鼓励欧元、人民币世界货币化，以尽快建立国际金融市场上的三足鼎立制衡价格形成体制，实现国际金融领域的公正、合理。当前，国际道义价值取向营造的国际氛围有利于人民币国际化。

总之，全球治理领域的"失灵"推动了全球治理朝公正合理方向转化。在这个过程中，人民币国际化是符合全球治理变革潮流的，是大势所趋、"民心"所向，受到各方鼓励和支持。

三、新时期推进人民币国际化的对策

（一）夯实根基，全力推进国民经济又好又快发展

在金融市场上，各种金融主体行为的根本动机都是牟利，哪里有利可图，资本就会想方设法流向哪里。而资本本身并不创造财富，只能通过参与实体经济发展过程而分享财富。所以，只有夯实中国实体经济根基，使本国经济稳定有效地成为财富的摇钱树，成为资本不断追逐的对象，才不会发生大规模流出导致的外源性金融风险。

为此，中国要坚定不移地执行科技优先的创新发展战略，不断把自己的发展建立在国际产业高端的位置上，通过产业高附加值吸引资本争相追逐，而不是逃离；中国要坚定不移地落实好"一带一路"倡议，为产业发展创造广阔的市场空间；坚定不移地走绿色可持续发展之路，使中国成为宜居之地。

总之，中国要通过夯实自己的经济根基，促进国民经济又好又快发展，把自己打造成资金的"吸铁石"，为推进人民币国际化创造良好的资金环境，是人民币国际化的战略根基。

（二）安全为先，统筹推进资本项目可兑换

在人民币国际化进程中，国际化和经济安全孰轻孰重是监管者不断思考的一个重大基础性问题。当今是金融国际化和一体化的时代，各国金融系统正走上"你中有我，我中有你"的融合道路，跨境资金流动不仅规模大，而且流动速度不受限制。因此，在这个由金融抑制政策向金融自由化转变的过渡期，各国金融系统如果还不适应新的政策环境，就极易形成由于跨境资金流动导致的资金链断裂，进而危及金融系统的功能结构。特别是那些稳定性差、发育相对落后的第三世界国家金融系统，更是极易形成金融危机。所以，中国在金融系统发展战略选择上一定要把安全问题放在首位，在安全的前提下以最快的速度

发展自己。与此同时，要统筹资本项目可兑换，做到留有余地，既保证国家经济安全，又兼顾资本项目有效可兑换，在保证国家经济安全的前提下，尽可能快速开放资本项目，推进人民币国际化。

总之，鉴于牙买加国际金融系统汇率波动性强、国际资本流动性大、防范措施准备不充分等特点，我国在探索性不断扩大开放的过程中，要兼顾资本项目开放的各种要素，统筹各种监管和防范资源，强化监测和预测，积极有为，保持稳妥、适宜的开放速度，牢牢把握跨境资本流动的主动权，在保证国家经济安全的前提下推进人民币国际化进程。

（三）科技先行，强化跨境资本流动监测和预测

当前，跨境资本流动速度加快、规模增大、频度增加，是信息技术基础设施应用的结果。要掌握跨境资金动态，有效防范人民币国际化过程中的金融风险，就要利用好信息技术装备，搭建好信息收集平台，强化跨境资本流动监测，及时掌握跨境资本动向；就要利用好大数据分析技术，及时做好跨境资金流动预测预报工作，做到料敌于先。人民币国际化条件下的金融风险防范是资本项目可兑换越来越开放的金融风险防范，是资本跨境流动越来越自由、越来越无监管约束的跨境流动，仅靠人工统计是难以应付海量数据的，要依靠信息技术建立信息收集处理系统，应对日益自由化、复杂化的跨境资本流动。要有效防范人民币国际化条件下的金融风险，科技先行是关键。

（四）加强国际合作，互利共赢推进人民币国际化

人民币国际化的过程，也是各国相互借鉴、优势互补、进行互利共赢合作的过程。因此，在推进人民币国际化的过程中，中国要加强国际合作，在互利共赢中推进人民币国际化。

第一，要加强与金砖国家等广大发展中国家的金融安全合作，通过构建共同防范金融风险的外汇储备库，一方面构建共同的金融风险防范网，另一方面

扩大人民币的国际使用范围。

第二，要加大货币互换力度，加强与各国在贸易和往来中的合作。通过货币互换，一方面便利了两国贸易中的结算，保护了两国的贸易利益，便利了双方面国民的交往，另一方面也实现了扩大人民币国际使用范围的目的，而且通过双方信任的培育，不断推动人民币从结算货币向投资货币、储备货币转化，进一步扩大人民币的国际使用范围。

第三，要加大货币市场合作力度，在互利共赢的基础上推动人民币不断国际化。增加证券交易所、银行间市场、债券市场的合作，通过两国相关市场的联手提高市场影响力和生存发展能力，并借此推进双方货币的国际化。

（五）破解瓶颈，夯实人民币国际化贸易投资基础

人民币国际化是国际贸易投资发展的要求，是贸易投资便利化的必然结果。所以，统筹推进贸易投资有利于夯实人民币国际化基础。一是通过互利合作，推进人民币成为贸易投资伙伴国的结算货币。这不仅有利于双方的贸易和投资，更有利于规避因第三方货币币值过度波动导致的经济和安全损失。二是积极推进人民币成为国际大宗商品的结算货币。大宗商品贸易涉及规模巨大的资金跨境流动。成为大宗商品的结算货币，意味着人民币的国际使用得到质的突破，能够加快人民币国际化进程。但是，这个措施要从本国贸易和投资利益出发，统筹兼顾各方利益，选择适当时机，协调好与相关各方的关系。

总之，当前人民币国际化的推进期，既是资本项目开放和金融风险高发的并行期，也是国家金融脆弱性的敏感期，中国要借助信息技术革命最新成果，加强跨境资本流动的监测和预测，把经济安全放在首位，积极有为，统筹资本项目开放和金融风险防范，稳妥推进人民币国际化进程，提升中国金融系统的国际竞争力。

参 考 文 献

[1] 陈红，郭亮.金融科技风险产生缘由、负面效应及其防范体系构建[J].改革，2020（03）：63-73.

[2] 陈建奇.习近平关于防范化解金融风险重要论述的核心要义[J].理论视野，2020（10）：17-23.

[3] 陈相甫.新时期政策性银行风险防范对策研究[J].地方财政研究，2022（01）：108-112.

[4] 陈学军.金融工程在企业外汇风险防范中的应用[J].财会通讯，2012（14）：125-126.

[5] 陈瑶雯."双循环"新发展格局下升级"一带一路"金融支撑体系研究[J].国际贸易，2021（01）：67-73.

[6] 程雪军，尹振涛.互联网消费金融创新发展与监管探析[J].财会月刊，2020（03）：147-153.

[7] 程雪军.中国消费金融的风险特征、形成机理与防范对策[J].兰州学刊，2021（07）：72-90.

[8] 邓宇.防范过度金融化及金融服务实体经济有效路径研究[J].西南金融，2022（03）：19-32.

[9] 方兴起.防范系统性金融风险是金融监管的永恒主题[J].福建论坛（人文社会科学版），2018（01）：12-18.

[10] 傅连康.外汇储备超速增长与外源性金融风险防范[J].国际商务研究，2006（01）：43-47.

[11] 顾建光.当前金融风险防范与审计策略研究[J].审计研究，2004（05）：37-42.

[12] 类承曜，靳琦.债券市场创新与风险防范[J].中国金融，2021（04）：57-

58.

[13] 李稻葵,陈大鹏,石锦建.新中国 70 年金融风险的防范和化解[J].改革,2019（05）：5-18.

[14] 李贵修.金融风险防范 PPP 法律难点解析[M].北京：知识产权出版社,2019.

[15] 李海超,郑凌云,周强龙,等.开放背景下境内外资本市场运行联动及风险防范研究[J].上海金融,2020（08）：2-11,79.

[16] 李洪,孙利君.我国互联网保险发展现状、风险及防范对策[J].管理现代化,2020,40（02）：97-99.

[17] 李薇.大数据时代互联网金融创新及风险防控[J].人民论坛,2019（05）：76-77.

[18] 梁平汉,江鸿泽.金融可得性与互联网金融风险防范——基于网络传销案件的实证分析[J].中国工业经济,2020（04）：116-134.

[19] 罗航,颜大为,王蕊.金融科技对系统性金融风险扩散的影响机制研究[J].西南金融,2020（06）：87-96.

[20] 孟嘉诺,梅丽程.商业银行银银合作发展战略及风险防范[J].征信,2019,37（01）：88-92.

[21] 聂庆平.中国金融风险防范问题研究[M].北京：中国金融出版社,2000.

[22] 宁宇,姚梅芳.基于"双创"背景下的绿色金融信息风险与防范体系研究[J].情报科学,2020,38（10）：148-153.

[23] 彭芸.公共金融教育与中央银行沟通探究[J].中州学刊,2009（05）：61-63.

[24] 任兆璋.金融风险防范与控制[M].北京：社会科学文献出版社,2001.

[25] 上海市金融学会.金融风险防范与支持实体经济发展[M].北京：中国金融出版社,2018.

[26] 宋寒亮.风险化解目标下互联网金融监管机制创新研究[J].大连理工大学学报（社会科学版）,2022,43（02）：105-114.

[27] 谭小芬,张怡宁.新发展阶段外部金融冲击与金融风险防范[J].新视野,

2022（02）：74-80.

[28] 田晓丽，任爱华，刘洁.信用风险防范视角下的数字金融探析[J].征信，2021，39（03）：65-72.

[29] 涂永红.人民币国际化是防范金融风险的一项制度保障——从人民币国际化的由来谈起[J].理论视野，2018（09）：31-37.

[30] 王国刚，潘登."十四五"时期的金融风险防范[J].中国金融，2021（09）：36-38.

[31] 王国刚.中国金融70年——简要历程、辉煌成就和历史经验[J].经济理论与经济管理，2019（07）：4-28.

[32] 王森，王贺.区域金融风险、风险暴露维度与风险防范考量——基于山西省的数据分析[J].经济问题，2019（05）：46-57.

[33] 王霞."一带一路"战略下国际公共产品供给合作机制构建策略[J].改革与战略，2017，33（03）：68-71.

[34] 王子菁，张玉明，刘丽娜.共享金融风险管控机制构建及路径创新[J].山东社会科学，2020（03）：142-147.

[35] 韦秀长.防范化解银行业金融风险的重点和路径[J].财务与会计，2020（02）：10-15.

[36] 吴心弘，裴平.互联网支付发展与金融风险防范——基于支付经济学视角的研究[J].南京审计大学学报，2021，18（01）：78-89.

[37] 吴振宇，唐朝."十四五"时期金融风险防控面临的挑战与应对[J].改革，2021（06）：49-58.

[38] 邢会强.互联网金融风险防范法律问题研究[M].北京：中国金融出版社，2018.

[39] 徐长春.金砖国家金融风险防范及其对中国的启示 一种公共管理与系统论视角[M].北京：中国经济出版社，2017.

[40] 许传华，戴静，陈义国.新常态下区域金融风险防范研究[M].北京：中国金融出版社，2017.

[41] 杨淼，雷家骕.基于风险防范的中国宏观金融安全指数测度与分析[J].经

济纵横，2019（08）：89-107，2.

[42] 岳彩申.互联网金融平台纳入金融市场基础设施监管的法律思考[J].政法论丛，2021（01）：83-91.

[43] 臧跃茹，刘志成，郭丽岩，等.金融风险面临新形势 价格调控需因势而动[J].宏观经济管理，2016（10）：45-48，52.

[44] 张彬，胡晓珊.区域性国际金融公共产品的中国供给：缘起、问题与对策[J].太平洋学报，2020，28（06）：84-96.

[45] 张存萍.我国互联网金融风险防范及政策建议[J].技术经济与管理研究，2019（11）：78-83.

[46] 张栋杰.后金融危机时期我国财政体制改革探析[J].经济纵横，2010（11）：40-42，101.

[47] 张红丽.基于大数据的金融风险动态审计预警体系构建[J].财会通讯，2021（13）：123-127.

[48] 张明，孔大鹏，潘松，等.中国金融开放的维度、次序与风险防范[J].新金融，2021（04）：4-10.

[49] 张文武.打好防范化解重大风险攻坚战[J].中国金融，2020（04）：16-18.

[50] 张延华.防范化解金融风险的基本对策分析[J].财务与会计，2021（20）：80.

[51] 张圆圆.财政在防范系统性金融风险中的作用机制研究[J].西南金融，2019（07）：68-77.

[52] 赵白鸽.人口视角下的金融发展与金融风险防范[J].人口研究，2010，34（04）：3-7.

[53] 赵红雨，李沂.金融风险防范下的房价上涨与流动性紧缩[J].内蒙古社会科学（汉文版），2019，40（03）：140-147.

[54] 王晋斌，阎衍，朱戎.应对金融动荡我国防范金融风险的政策建议[J].宏观经济管理，2008（11）：22-24.